# 主婦が
# 幸せになる
# 53の方法

若松美穂

# はじめに

専業主婦だった私が、雑誌でエッセイを書かせていただくようになったのは八年前。初めのころは、世の中から〝三食昼寝付き〟と言われていた「主婦」への偏見を少なくしたい、主婦にだって大変なことはあるし、平凡な中にも「幸せ」や「楽しみ」があるってことをわかってほしい、そんな気持ちで書いていたような気がします。

あれから時代は少しずつ変化し、当時に比べるとずっと、家事や子育ても女性の大切な仕事という理解が深まり、母親が外に働きに出るのも自然なことになりました（現役ママさんたちは「まだまだ理解が足りない」と思っているかもしれませんが）。「イクメン」と呼ばれる、ともに子育てを楽しんでくれる男性が増え、外出すると、パパと子どもだけの姿が多いことに驚いているくらいです。

一見、楽になったようにも見える妻業、母業ですが、一方で、心の悩みや日々の生活の中での迷いはずっと増えている。そう感じてもいます。〝子育て〟を一生懸命するがゆえの悩み。親や、義理の両親、ママ友との付き合い方。私自身も四十代に入ったときに感じた、「自分の生き方」についての迷い……。

悩みって、自然と生まれているようにも感じますが、実は、自分で作りだすものでもあります。考え方や受けとめ方を変えれば、悩みや迷いは減るし、幸せにもなれるはず。私の周りにはさまざまな女性がいます。いろいろな形の家庭があります。彼女たちを見ていて思うことは、幸せは、いいことの数が多いか少ないかではなく、「幸せだと感じる力」があるかどうかなのだと。

私も、十年にわたる認知症の祖母の介護、東日本大震災での津波による実家の流出、その後の父の死など、結婚十八年の間に、いろんなことがありました。でも今は、「私の人生悪くない」「私なりに幸せだ」と思えます。

この本は「こうすれば幸せになります」という本ではありません。なぜなら幸せの形は、一人ひとり違うから。ただ、「こういう考え方をすることで、幸せだと感じられる人もいるのか……」と、知ってもらえるのではないかと思っています。この本がもし誰かのお役に立てるなら、こんなにうれしいことはありません。

Contents

## 第3章　妻が幸せになる方法



## 第4章　私が幸せになる方法

STAFF
カバー・本文デザイン 高石有美子（Concent, Inc.）
撮影 砂原 文
スタイリング 大沢早苗
編集 臼井美伸（ペンギン企画室）
竹原晶子（双葉社）

本書は、『サンキュ！』（ベネッセコーポレーション）に連載中のエッセイ「幸せな主婦になる方法」を加筆修正し、書き下ろし、写真を追加して構成したものです。

# 第1章

# 主婦が幸せになる方法

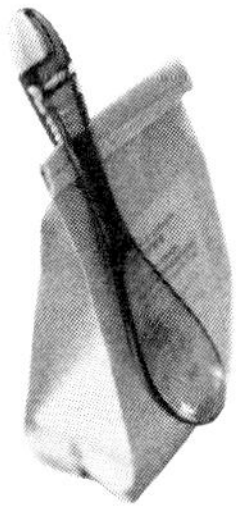

# 1　今の私、これでいいの？

ときどき、今の自分が不安になることってありませんか？
「こんなことしていていいのかな？」「もっと他にできることってあるんじゃないかな？」って、グレーの雲がかかったような気持ちになること……。考えても、結局はぐるぐる同じところを回って元に戻ってくるのに、考えずにはいられない、そんな感じ。これまでの人生を振り返ってみると、私にはそういう時期が何度もありました。

専業主婦で、小さな子どもたちの世話に追われて家中心の生活をしていたとき。幼稚園や小学校のママ友と、ランチを楽しんでいたとき。そして、昼は認知症の祖母の施設に通い（仙台に住んでいた母方の祖母を、埼玉のわが家の近くの施設に入居させ、私が看《み》ていました）、夕方から夜にかけては、子どもの習い事の送迎を繰り返していたとき……つねに自分に問いかけていました。

ごく最近も、考えました。「こんなふうに母とランチに出かけたり、のんびり買い物なんてしていていいのかな」って。

二年前、東日本大震災で家を失《な》くした母と同居を始めてから、私は、なるべく母といっしょに過ごすようにしてきました。なんでも父に頼っていた母だから、父がいなくなり、友人もいない新しい土地での生活に戸惑うことも多いはず。それでも、「ここでの生活も悪くない」と感じてくれたらいいなと思ったからです。

いっしょに出かけ、周辺の道や場所を覚えてもらう。話し相手になる。天気の悪い日には、認知症の祖母の施設に行く母の送迎をする。実家周辺にはなかったようなおしゃれな店の雰囲気も味わえたら楽しいだろうと、いっしょにランチに出かけることもあります。これまで離れて暮らしていた分、私も素直に楽しい。でも一方で、「こんなことばかりしていていいのかな？」という気持ちもあるのです。「もっと仕事したほうがいいかな？」とか……。

以前の私は、その問いに対する答えを見つけることができませんでした。「そんなこと考えたって、今はこれしかできない」。そうやって、無理矢理自分を納得させていました。でも振り返ってみると、どれもこれも、それでよかったんじゃないかと思うのです。

世の中の役に立っていないように感じた専業主婦時代も、自分なりに楽しみを見つけて一生懸命やったからこそ、今、その経験が役立っています。たとえば忙しいとき、冷蔵庫の中をパッと見ただけでメニューを決め、短時間で料理を並べることができる。どのくらいの時間で、どの家事ができるのかを把握しているから、仕事の合間に上手に片付けや整理、掃除ができるのです。

子育てが大変だったときは、ママ友とランチしながら他愛もない話をすることで、癒《いや》されていました。彼女たちは、今でもお互いに支え合える大切な友人です。子どもの学年が上がるにつれ、ママ友をつくることは難しくなるもの。あのときいい関係をつくることができて、本当によかった。

施設で約十年暮らした祖母がまもなく最期を迎えるというとき、施設の方がこう言ってくださいました。「ご家族は、よく看られたし、頑張られましたよ」。その言葉を聞いたとき、少しは祖母の人生の役に立てたような気がしたし、私自身も後悔はありません。

子どもたちの習い事の送迎も少なくなった今、あのとき子どもたちと車の中でいろんな話ができたのは、貴重な時間だったんだなと気がつきます。

「今の私、これでいいの？」と思ったら、自分で自分に問いかけてみませんか？「そういう時期なんじゃない？」と。

「子どもと過ごす時期」「友だちをつくる時期」「祖母を看る時期」。今の私なら「母と過ごす時期」。どんなことも、「いつまでも……」は続かないから、それが終わったときのことを考えてみる。

「よかった」と思える自分がそこにいると思えたら、それは、自分にとって必要な時期なのかもしれません。

## 2　専業主婦にできること

専業主婦の私に、できることなんてない。

結婚したばかりのころ、そう思っていました。「いつまでも甘えていないで、何かしなさい」。祖母に強い口調で言われるたびに、「何かって言ったって、まだ子どもは生まれたばかりだし、何ができるっていうの？」。そう、心の中でつぶやいていていました。

一方で、祖母の言うことも当たっている気がして、「何か自分のためになること、収入を得られることをしなくちゃ！　このままじゃいけない」と焦っていました。

実家の母には、「なんでもいいのよ。家事以外のことをやってごらんなさい。まず、始めることが大切よ」と、ことあるごとに言われました。

祖母も母も、ずっと仕事をしてきた二人だから、家事と育児だけの私にもの足りなさを感じていたのだと思います。

しばらくして私は、「投稿」を始めました。新聞やラジオなどに、ちょっとした出来事や記事の感想などを送るのです。ひとつできるとそれが励みになり、家にいてできることをもうひとつ始めてみよう、と思えました。そのうちに始めたのが、「モニター」です。雑誌や新聞で見つけたモニター会社にいくつか登録し、アンケートの回答などを郵送やファクスで送ります。家でできることは大した収入にならないけれど、収入ゼロの私にとって、五百円、千円の謝礼が、とてもうれしかった。せめて自分のおこづかいくらいは、自分でなんとかしたいと思っていたからです。

子どもが少し大きくなってからは、近所に住んでいた夫の母に長女を預ってもらい、テレビや商品の「モニター会議」に出かけるようになりました。いつも家と公園を往復するだけだった私にとって、モニター会議はとても新鮮でした。お互いに遠慮なく意見を出し合ったり、「そんなふうに考えたこともなかったな」という意見を聞くことができたり。帰りに、いつもは行かないような場所でちょっとした買い物をするのも、いい気分転換でした。

引越しをして、夫の母と離れてしまい、二女が生まれてからは、出かけるときには有料の託児所を利用しました。一時間八百円を払って子どもを預け、二時間で二千~三千円をいただくモニターをするのです。行き帰りの時間を含めると、手元に残るのはほんの少しだったり、ときにはマイナスになることも。でも、新しいことや人に出会うチャンスと思えば、無駄だとは思いませんでした。

子どもを託児所にお願いしたことも、よい経験でした。二女は初めのうちこそ、泣いて泣いて一時間ずっと入り口にいた、なんて日もありましたが、しだいに慣れて、楽しみにするようになりました。この託児所のおかげで、その後祖母が入院したり、私が体調を崩したり、ちょっとしたトラブルが起きたときにも、なんとか乗り切ることができました。

母の言った通り、大切なのは「まず始めること」。ひとつ始めたらもうひとつ、そうやって自分の足元を広げていくことができるから。「いつか」じゃなくて今、できることをやってみる。それが今の私につながっているのだと思います。

## 3　ひとりで楽しんでもいいの？

夫や子どもたちといっしょに過ごす休日は楽しみ……のはず。でも、なぜか休み明けの月曜日、疲れている自分がいませんか？　自分のペースを取り戻し、ホッとしている自分がいませんか？

私も、以前はそうでした。

〝家族といっしょにいることが私の責任で、母親の務め〟、そう思っていたので、いつも家族のために精いっぱいでした。平日は子どもたちの面倒をみて、休日は家族みんなでの外出を楽しむ……。自分だけでなく夫や子どもにとっても、それがいちばん〝幸せ〟だと信じていました。

でも、夫が家族いっしょのお出かけで本当に安らげているのかというと、本音は「一週間の疲れを取りたい」「のんびりさせてくれ」だったりします。あるとき、休日をどう過ごしたいのか、夫に尋ねたことがありました。

「家族との時間が楽しいときも、幸せだと感じることももちろんあるよ。でも、いつもだとね〜。たまにはひとりになりたいときや、自分の好きなことをして、気分転換を図りたいときもあるから……」

これ、主婦も同じですよね。子どもが小さいころはなおのこと。平日も休日も、ひとりになれる時間なんてほとんどありません。私も以前は、「私の自由時間って、いったいいつ？」と、不満をためていました。

でも今振り返ると、自由な時間がないのではなく、つくろうとしていなかっただけかもしれない、頑張りすぎだったのかもしれないな、と思うのです。

子どもが小さいころ、私は、用事があるとき以外は、夫や子どもたちを置いて出かけることに抵抗を感じていました。また、夫と子どもたちだけで出かけることもできるのに、無理に自分もいっしょに出かけて疲れをためたり……。結局、家族の輪から出ようとせず、自分の時間をつくろうとしなかったのは私自身だったのです。

そんな私に転機が訪れたのは、二女が幼稚園に入ってしばらくしたころ。ある平日の昼間、友人に、「お茶しない？」と声をかけたときのことです。

「うん！　今日は夫が休みで家にいるの。下の子は置いていけるから楽しみ」

「え？　ご主人が休みなら、別の日にしよう！」と言う私に、「せっかくみてくれる人がいるんだから、こんなときこそゆっくりしなきゃ」と友人。

そうか、そんな考え方もあるんだ。

それまで、飲み会のお誘いがあっても、私は「子どもと夫を置いては行けない」と思っていました。でもそういえば周りの人は、「パパがみているからだいじょうぶよ」って言ってたな……。

それからは、ときどき思い切って夫に子どもを託し、ひとりで外出してみることにしました。

長時間の留守番に、初めは戸惑いぎみだった夫。でもどうでしょう。しだいに「お風呂はオレが入れるからいいよ」「お昼は子どもたちと外食してみる」「いっしょにＤＶＤを観たよ」……こんなふうに、子どもとの時間に慣れていったのです。

夫が言いました。「君が好きなことをして楽しんでくれたほうが、オレも、気持ちよく好きなことができるよ」

私がまじめに主婦しすぎることで、逆に夫のことを疲れさせていたのかもしれないと、初めて気づきました。

ひとりでリフレッシュする時間があるからこそ、再び家族に囲まれたとき、「家族がいてよかった～」と思えるし、「また家事や子育てを頑張ろう！」と思えるんですよね。

## 4　家事ができるってスゴイ！

「若松さんって、完璧に家事をこなしているイメージだったから、もっと女性っぽい方かと思っていました」

初めてお会いした方にそう言われて、思わず笑ってしまいました。なるほど！　家事って女性らしいイメージなんだ……。

でも私の家事は、そんなに優雅ではありません。おそらく、家にいるときの私の動きを見たら、みんなびっくりするでしょう。いつも走り回り、豪快に作業をしていますから。

時間とにらめっこしつつ、ひとつ終えたら「ハイ次！」って感じで、完全に体育会系。だって、あれもこれもひとりでこなして自分の時間を持とうと思ったら、二十四時間なんかじゃ全然足りないですもん。

ある日、夫にそんな話をしていたら、こう言われました。「最近、思うんだよ。家事を完璧にできる人って、社会に出たらかなり仕事ができる人なんじゃないかって」

おぉ、主婦にとってはうれしい評価。どうしてそう思うのかと聞くと、

その一、計画力がある。家族と自分の予定をしっかり把握して、その合間に家事を終わらせ、家族と過ごす時間もつくれる。

その二、同時進行で物事を進められる。料理が終わったときにキッチンも片付いているというのは、まさにそれ！

その三、予算を立てて、やりくりができる、などなど。

実は私も、家事と子育てだけに追われていたときは、働いているほかのママ友だちにコンプレックスを持っていました。でも今、実際に少しだけ社会に出てみると、主婦生活で培《つちか》った能力もムダではなかったことがわかります。

私の場合、取材や打ち合わせは、日によって場所も時間もばらばらです。その都度家族のスケジュール、家事の量、家事をする時間の割り振りを考えることができるのは、今までも日々、頭の中でスケジュール管理を繰り返してきたからこそ。

それに、本や雑誌にエッセイを書く仕事は、思った以上に地味な作業の繰り返し。毎日の家事と同じです。でも小さいことも積み重ねれば、ひとつの大きなものになることを知っているからこそ、地味な作業にも楽しみややりがいを見つけながら、続けることができています。

そして、ほかにも鍛えられたことといえば、「忍耐力！」。

子育てって、我慢の連続ではないですか？

私は、子どもが成長すればするほど思います。「頑張ればなんとかなる」ってずっと思ってきたけれど、子育てって、親が頑張ってもどうにもならないことばっかり、と。子どもに伝えたいことをすべて口に出せばいいってものでもないし、手を貸せばＯＫってものでもない。ただ待つしかないようなこともあります。子どもが成長すればするほど、自分にも忍耐強さが身についてくるように感じます。

そういえば、家族の体調管理や精神的なフォローも、妻、母の役目。会社なら、部下の成績や行動を管理し、同僚の気持ちをくんであげるのと似ているかも。相手によって叱り方、見守り方を変えて、みんなが元気に過ごせる方向へ持っていく……これって、簡単なことではないですよね。

ある雑誌を読んでいたら、「子育てしながらの家事や、幼稚園の保護者会活動などを通して身についた手際のよさは、仕事の面接でもアピールできる」とありました。うん、そうかも！

なんだって、極めるのは大変なこと。

いつか仕事をしたいと思っている人はもちろん、ずっと主婦でいたい人も、こんなに頑張っている今の自分に自信を持ちましょう！

# 5　家族の形

父が亡くなる前のことです。母が、電話口でうれしそうに話していました。

「最近ね、パパが掃除機かけてくれるのよ。皿洗いもね、前に私がぎっくり腰になったときいっしょにやったら、ひとりよりもずっと楽しくて、それ以来、二人でやっているの。お店に朝早くからお客さんが来たときには、パパひとりでも洗ってくれてね、助かるわ〜」

人って変わるものだな〜と驚きました。だって、昔の父からはまったく想像できない。果物をむいても、フォークが出ていないと手をつけなかったような人なんです。

以前、実家に帰ったときに、父が「これ食べる？　この間、コンビニで買ってきたんだよ」と言うのを聞いて、私は「え〜、コンビニ行ったの？　自分で？」と驚いてしまったくらいです。そんな父が、掃除機がけに皿洗い……。

父が変わったのは、定年退職してからです。母の美容院にいた従業員さんも、町が過疎化していくにつれて、減ってしまいました。ときには母が体調を崩すこともあるので、父は、協力せざるを得ない状況になっていたのだと思います。私たち子どもも成長して家を出ていき、夫婦二人になって、少しずつ「家族の形」が変わってきたのです。

わが家も同じです。結婚当初は、私が夫のスーツにワイシャツ、ネクタイまで、すべて用意していました（今思えば、かなりの過保護っぷりです）。ハンカチや定期入れも、私がスーツのポケットに入れて、靴も磨いて準備。

ところが長女が生まれ、ミルクをあげたり、オムツを替える時間と重なったりして、夫の着るものの準備はしなくなりました。やがて二女が生まれ、長女を幼稚園に送っていくようになると、私が夫の靴を磨く日がどんどん少なくなってきました。今では、毎日夫が自分で磨いています。

さらに、私が仕事で忙しくなると、夫も掃除機をかけたり、朝ご飯を作ったり、私並みに家事をこなすようになってきました。

母が言います。

「この間ね、駅のホームで電車を待っているとき、赤ちゃんを抱っこしているお母さんがいて、そのわきで小さな男の子がわんわん泣いているの。お母さんが一生懸命なだめていて、それなのにそばにいるお父さんは、黙って立っているだけ。もう私、黙っていられなくて、『お父さんが赤ちゃんを抱っこしてあげたら？　お母さんが泣いているこの子を抱っこすれば、すぐに泣きやむわよ』

って言っちゃったわよ。その通りにしたら、ピタッと泣きやんでね。お父さんが恥ずかしそうに『どうも』って頭を下げてたのよ。ああいうことって、言われないとわからないものかしらね〜」

さすが！　いつも、他人のことも自分のことと受け止める、簡単にいうと、おせっかいな母らしい話です。

人それぞれだけれど、〝男の人が親になるのは、女の人よりも一年くらい遅い〟と思ったほうがいいんじゃないかな。

「そのパパは、まだパパ歴が浅いから、わからないだけかもね。ママも、慌てちゃったのかな。それとも、手伝ってほしいけど、言えないのかも。そのうちに、『手伝って！』って言わないと、わからないんだって気づくんじゃない？　ケンカしたり話し合ったりしながら、二人らしい形を見つけるよ、きっと」

私たちが、そうだったようにね。

## 6　「してもらったこと」を思い出す

私のブログにいただいたコメントの中に、「夫にしてもらったことを忘れないように、書きとめています」というものがありました。「これ、私にも必要だ～」と思いました。だって本当は私も夫にたくさんのことをしてもらっているのに、忘れてしまっている。……というか、勝手に自分の記憶の奥のほうにしまい込んで、思い出そうとしていないのだと思います。

最近はそれに気がついて、家族に腹が立ったり、〝私ばっかり〟という被害者意識が強くなったときには、〝夫にしてもらったこと〟をひとつずつ思い出してみることにしています。

夫が忙しくて、帰りが深夜……という日が続くと、私は不機嫌な態度をとって、ストレスをぶつけてしまうことがあります。そのうえ、休日も彼の仕事や趣味で終わってしまうと、「あなたは何もしてくれない」とか、「私たちのことを考えていないんでしょう?」なんて、ひどい言葉を口にしたりして。

そういうときの私は、何よりも自分の気持ちが大切で、自分が相手にしてあげたことばかりが頭に浮かんできます。だからつい、「あなたには休日があるけれど、私は休日も掃除、洗濯、料理なのよね」なんて思ってしまうのです。本当は、何もしてくれていないわけじゃないとわかっている分、そんな自分に対してなんだかスッキリしない、嫌〜な気持ちになるんですけど。

たとえば、毎日私たちのために働いてくれている。自分が疲れていても、私の話し相手になってくれる。ときには「お疲れさま」とねぎらってくれる。ときには料理を作ってくれる……。

夫だけではなく、子どもたちも同じです。親だから、ついしてあげたことばかり考えるけれど、しだいに気がつきました。子どもたちにしてもらったいちばん大きなことを、私は忘れていたなって。それは、ずっとなりたかった「お母さん」にしてもらったことです。娘たちが生まれてきてくれたから、私は周りの人から「○○ちゃんのママ」と呼んでもらえるのです。

母の日に何かしてくれるとか、特別なイベントももちろんうれしいけれど、毎日の生活の中で、十分に喜びや幸せを感じさせてもらっています。娘たちは冗談を言って、私を笑わせてくれます。運動会や参観日には、頑張っている姿を見せてくれて、おかげでこちらも元気になれます。ご飯やお弁当がおいしかったと言ってくれます。それがなかったら、私の生活はどれだけつまらないものになっていたでしょう。

実はこういう考え方は、心理療法にも取り入れられているそうです。年代を区切って、相手に

「してもらったこと」「して返したこと（してあげたこと）」「迷惑をかけたこと」を挙げていき、相手のことではなく、自分自身に起こった事実を調べていくという方法で、「内観法《ないかんほう》」というそうです。対人関係がうまくいかないときや、感謝の気持ちが持てないときにやってみると、効果的なのだとか。

私も以前、自分の母親に対して内観法を試してみたことがあります。思いつくことを書いていったのですが、その結果に愕然《がくぜん》としました。母から「してもらったこと」や、私が「迷惑をかけたこと」はたくさん書けるのに、「して返したこと」に書くことが見つからなかったのです。母は仕事ばかりしていたと思っていたけれど、ちゃんと手をかけて私を育ててくれたんだ、それを忘れてしまっていたんだ……。

ふだんの生活のなかで、家族の誰かに不平不満がたまってしまったとき。延々と不満を並べてもきりがないし、眉間《みけん》のしわが増えるだけ。ちょっと気分を変えて、「こちらがしてもらったこと」を思い出してみましょうか。

## 7　ママ友だちと私

ママ友のグループに属するのが、私はあまり得意ではありません。といっても、人は好きなので、一匹狼というわけではないのです。ときには友だちとランチも行くし、飲みにも行きます。ただ、いつも同じ顔触れよりは、たくさんの人と話して、刺激を受けたいと思っています。

仕事も家事も趣味も、やりたいことが山ほどあるから、そのグループのペースに合わせるよりも、自分のペースで物事を進めたい。グループのお誘いを断って気まずい雰囲気になったり、「違うな」と思いながら、その関係をキープするために、「そうね、そうね」と言って話を合わせるのも、私は何か違う気がするのです。もちろん、こんなことを言っていられるのも、主婦の世界だからなのかもしれません。会社ではそうはいきませんよね……。

まだ子どもが小さいころは、こんな自分に悩んだこともあります。幼稚園に入れば、どうしても親同士の仲がよく、遊ぶ機会の多い子どもたちが仲よくなるものです。私はママ友グループに入らなくてもいいけれど、子どもにとってはどうなんだろう。幼稚園や学校の情報が、耳に入りにくくなるのではないか、なんて……。

けれど、しだいに娘たちが歳を重ね、いろんなママたちとの出会いも多くなってきて気がついたのです。無理をしなくても、年にひとりか二人は、気の合う友だちって自然にできるものなんだなって。このままの私でも、「そんなあなたがいい」と言ってくれる人がいるんだって。そして、出会うチャンスは、毎年毎年やってくるってことも。

特定のママ友グループに属していなければ、「話してみたいな」と思う人には、気軽に声をかけられます。誰かの目を気にしたり、ほかの人に人間関係を干渉されないのもいいところ。初めは「合わないかな」と思っていた人でも、話をするうちに妙に気が合って、その後長い付き合いになる場合もあります。意外な人と、子どもについて同じ悩みを持っていて、話が盛り上がることも。もちろん、相手が心の扉を開いていなければ、無理に入っていく必要はないのですが……。

そんな付き合い方が、私には〝ちょうどいい〟と思っています。

たくさんの人といっしょにいるから楽しいという人がいる一方で、そうじゃない人もいます。まだ小さい子どもがいる友人が言いました。「公園デビューとかしないとダメかな。私、どうもママたちがたくさんいるところが苦手で……」

「子どもを子どもの輪の中に入れるのは必要だと思う。でも、ママがストレスをためてしまうほど頑張ったら、意味はないんだよね」

そう答えたら、彼女は少しホッとしたような顔をしていました。

〝私はこういうタイプなんだ〟。それがわかったときから、焦る気持ちはなくなりました。今いる友人たちを大切にして、いつかまた、ひとり、二人と、新しい友だちに出会うことができたら……

私、幸せだなあ。

## 8　誰のために家事をするの？

結婚してからしばらくは、家事にしろ子育てにしろ、私は、何をしても〝人のため〟でした。子どものために服や小物を手作りし、夫のために料理や掃除をしました。そんなふうだから、当然、家族に認めてもらったり感謝してもらえなければ、不平不満がたまります。「私はこんなに一生懸命やっているのに！」って。相手が「やってくれなくてもよかったのに」なんて、うっかり正直な気持ちを言おうものなら、ものすご〜くがっかりして、落ち込んでいました。

あるとき、やたらと恩着せがましい私に、夫が言いました。

「別にオレは、少しくらい汚い家でもいいんだよ。買ってきた惣菜が夕食に出てきてもいいんだよ」

そう言われて、考えてみました。う〜ん、でもそれじゃあ嫌なんだよね。そう、私が嫌なのです。たくさんのお料理のレシピやコツを覚えて、食事作りが面倒でなくなるのは、私。「おいしい」って言葉を聞いてうれしいのも、私。

裁縫を覚えて、洋服をリメイクする。いらないものが復活し、しかもムダな出費がない。それがうれしいのは、家計を預っている私。

ちょっと甘いものが食べたい。そんなとき、作っておいたデザートがあれば、大満足なのも私。

毎日使うふきんに刺しゅうをして、お皿をふきながら、ふっと心が和むのも、私。

遊びに来た両親や友人が、「キレイにしてるわね。かわいいお花ね」。そう言って、ゆっくりしていってくれる。その言葉で笑顔が増えるのも、私。

もちろん、私のしたことが家族の役に立ち、結果として喜んでもらえれば、こんなにうれしいことはありません。

なんでも〝人のため〟だったころ、私は、料理や裁縫を大変だなぁと感じることもよくありました。それに、なんとなく気持ちが満たされずにいました。

でも今は、ちょっと違います。たった一度しかない人生の中で、私は自分で、今、主婦でいることを選んだのです。自分のために、今を充実した時間にしたい、楽しい毎日にしたい。

そう考えたら、日々繰り返されるお掃除も料理も裁縫も、私の毎日をつくる大切なもの。そう思うことができるのです。

## 9　帰省しなくてもいいんじゃない？

お盆やお正月、帰省のシーズンが近づいてくると、「夫の実家への帰省が、憂鬱《ゆううつ》だな〜」という方もいますよね。理由はさまざま。「せっかくのお休みなのに、休むのは夫だけ。私は食事作りに掃除、布団干し……働きづめで休んだ気がしない」という人。「働くのはいいとして、感謝もされず『私って何？』と悲しくなる」という人。「夫の家族のルールに、どうしても馴染《なじ》めない」という人。なかには「帰省の時期が近付くと、体調が悪くなる」という方もいました。夫にはわかってもらえないことも多いでしょうし、とてもつらいと思います。

そういう人たちに、「そんなに大変だったら、帰省しなくてもいいんじゃない？」と言うと、「そんなことはできない！」。本当にそうでしょうか？　世の中には帰省しない人もいるし、理由があって帰省できない人もいます。絶対しなくちゃいけないものではないんですよね。

確かに、帰省しないとご両親はがっかりするかもしれません。でも、行きたくない理由はたぶんそれじゃない。「行かないと、自分が悪く言われるかも」とか、「夫ともめるかもしれない」ということでしょう。

　ある友人は、夫の家族ととても仲よくやっていますが、二回に一回は、「ママも休みた〜い」と、夫と子どもだけで帰省してもらうのだそう。また、「うちは遠いしお金もかかるから、毎年夫だけの帰省なの」という友人もいます。その代わり、メールや電話でコミュニケーションを図るのだとか。

　実は私も、友人たちの話を聞くまで、「帰省は家族全員でするもの」と、変にこだわっていました。それが常識と思いこんでいたからです。でも〝なんのために行くのか〟と考えたら、彼女たちの考えも「あり」だなと思うようになりました。

　夫も私も、小さいころはおじいちゃんおばあちゃん子だったから、子どもたちを両親に頻繁《ひんぱん》に会わせたいし、両親にも楽しい思い出をつくってほしい。目的がそれなら、連れていく人は夫でも私でもいいわけで……。私自身は、夫の両親の近況を聞きたい、伝えたいと思うときにメールや電話をし、元気な姿を見たい、見せたいと思うときに会いに行けばいいのだと、少しゆるく考えられるようになりました。

　人って、〝させられている〟〝〜しなくちゃ〟と思うと、つらくなるものです。帰省しなくちゃ、働かされている、いい嫁でいなくちゃ……。でも、嫌な思いばかりするのなら、それ以上相手を嫌いになる機会を増やさなくてもいい。自分の心を守るためには、相手と少し距離を置いてもいいし、肉体的につらいのならば、夫に説明して、少しゆっくりさせてもらうこともできます。子育てで大切なことのひとつは、「母親の気持ちの平穏」。嫌々ながら行くことでストレスをためて、その結果、子どもたちにあたるよりは、よっぽどいいかもしれません。

ただ、なんでも自分に都合よくはいかないもの。帰省しないことでひとつ楽をしたのなら、ひと言嫌味を言われるくらいは仕方がない。逆に「行く」という選択をしたのなら、嫌な思いをすることもあるかもしれません。どちらにしても、「行かない」という選択肢がないわけではなく、プラスとマイナスを考えて、私たち自身で選択できるのです。また、「行かない」という選択をしたからといって、「永遠に行かない」なんて決める必要はありません。行ってもいいと思えるときが来たら、行けばいいのです。

三泊していたのを一泊にしたり、顔は見せるけど、食事や泊まりはホテルにして、旅行を兼ねた帰省も楽しそう。「でも今までは……」という人、今までは今までです。何かを変えなかったらず～っと同じ。もう少し気楽に考えてもいいのかもしれませんよ。

# 10　自分で自分をいたわって

　ある番組で、「妻が夫に言われて、イラッとするひと言」という特集をやっていました。その中のひとつが『疲れた』。

「えっ、それ？」と、ちょっと驚きました。もっとひどい言葉かなと思っていたので。でも、この言葉でイラッとしてしまう妻の気持ちも、わかるような気がします。「あなたは疲れたって言えていいわよね。私だって同じくらい疲れているのに、誰に言えばいいの！」って、思うことありますもの。せめて「疲れた」の後に、「キミも疲れてない？　お互いお疲れ様」と、ひと言いたわりの言葉があったなら、受け取る妻の気持ちも違うかもしれないのに……。

　先日は私のブログに、こんなコメントが。「家事は、やって当たり前って感じがして……」。私も新米主婦の頃、同じ気持ちになったことが何度もあるので、よくわかります。たま～にでいいから、夫が「オレが安心して働けるのは、君のおかげだよ」なんて言ってくれたら、疲れも吹き飛ぶのに。そこまでいかなくても「今日のご飯おいしいね」とか、「ズボン片付けてくれたんだ。ありがとう」とか、ちょっとした気持ちを口に出してくれたら、やってよかったな〜と思うでしょう。

そんなことを考えているうちに、「これ、女性である私が気がついても、仕方がないことなのよ。男性陣が気がついてくれないと！」とも思ったりして。相手のあることだから、こちらが望むようにはなかなかいかないし、思っているだけで不平不満は解消されないですよね。

そこで私は、こう思うことにしています。家族はみんな、自分のことで精いっぱい。夫は、同じくらい頑張っている同僚たちの前で「疲れた」とは言えないし、子どもたちも誰かに、「お疲れ様、よく頑張ったね」と言ってほしい。結局、みんな私に甘えているんだよね〜って。

じゃあ自分はどうしようか？　受け止めてばかりいたら疲れちゃうし、気が滅《め》入《い》っちゃう。ストレスもたまるばかり。だから私は、自分のことは自分で目いっぱいほめ、甘やかし、いたわることにしています。もし、家事をしている私をそばで見ている人がいたら、「この人頭がおかしいんじゃない？」と思うかもしれません。だって、家事がひとつ終わるごとに「よくやった！」「あんたは偉い♡」「こんなことにまで気がつくとはすばらしい〜」なんて、言っていますから。

最近では、ときには夫に子どもたちを任せて飲みにも行くし、ママ友とランチにも出かけます。習い事もするし、結構好きにやっています。でも、自分で言うのもなんですが、私も、そして私の友人たちも、主婦という仕事、母という役割を、毎日一生懸命こなしています。飲み会の日だって、家族のことを忘れてなんていない。「今、ご飯並べて出てきたところよ、遅れてごめんね〜」「明日は、子どもの野球で五時起きなのよ」というママも。ときには、疲れ果ててうたた寝しちゃうママもいたりして。誰もが、ほんのちょっと気を抜ける場所で、ストレスを発散しているだけ。ときどき頑張っている自分をいたわったり、家族のことをグチったりできる時間と場所があれば、翌日からまた頑張れるってものです。

それに、積極的に休みを挟《はさ》んだほうが、短時間で家事や用事をすませられることも、だんだんわかってきました。帰って来てからだって、「いっぱい楽しんじゃった分、今度は家族のために時間を使おう」と思いますし、自分だけおいしいランチを食べた日は、「今日の夕飯はちょっと頑張ろうかな……」なんて。

主婦業は、これからもずーっと続くんです。長く続けるためには、たまに手を抜くことも大切。夫だって、案外どこかで上手に手を抜いているのかもしれません。

## 11　私の役割

高校時代、私にはこれがある！　というものが何もなく、自分に自信が持てない私がいました。悩んでいる私に、ある日、友人がこう言ってくれました。

「人ってさ、それぞれ役割があると思うんだ。サリーは私たちを笑わせてくれるじゃない？　サリーにはそういう役割があるんだから、そのままでいいんだよ」。

（ちなみに、「サリー」は、アニメ『魔法使いサリー』の主人公と同じく、足首とふくらはぎの太さがほぼ同じで、棒みたいな足……からついた私のあだ名です）

それからは、「私って……」と自分に自信がなくなるたび、何度その言葉に支えられてきたことか。「私にも必ず何か役割はある」と、できることを探しながら日々を送ってきました。

結婚してまもなくのころは、周りでＯＬをしている友人たちがとても輝いて見えて、落ち込むこともありました。

私が主婦になりたてだった十八年前は、「主婦は三食昼寝付き」なんて言われて、今のように主婦の価値が認められていなかったように思います。私も、自分が社会の役に立っていない存在のように思えて、母親や妻であることに価値を見いだせずにいました。

そんなときは、家庭以外の場所でも何か役割があると思いたくて、「周りの友人から、『結婚も子育てもなかなかいいじゃない』と思ってもらえるように暮らそう！　それが今の私の役目」と勝手に決め、自分に言い聞かせました。

その先も、高校時代の友人の言葉を思い出すと、いろんなことがちょっとずつ楽な気持ちでできるようになっていきました。不安いっぱいの幼稚園でのママ友づくり、小学校での役員、近所付き合い、家事、子育て、夫のフォロー、……どんなことも「今の自分の役割だ」と思うとどこか吹っ切れて、「役割はちゃんと果たさなくちゃ！」そう思えたのです。

最近、私の家庭での役割がちょっと変わってきたように感じます。年齢や子どもの成長、夫婦になってからの年月、生活環境によっても、役割はどんどん変わっていくようです。

二女は中学生で、長女は高校生。私はいっしょに考えたり手伝ったりする母親から、「見守る係」に変わる時期です。本当に困っているときには手を貸すけれど、ふだんは彼女たちが自分で解決したり、気がついたりするように持っていくのが私の役目。

夫に対しては、「なるべくいっしょに過ごして、家族のコミュニケーションをはかろうね」と伝え続けるのが、以前の私の役割でした。でも今は子どもたちも成長し、お互いに自分の時間も持てるようになってきました。「これからはお互い好きなこともして、ひとりの男性、女性としての人生も楽しもうよ」、そう、彼の背中を押してあげようと思っています。

私自身も、いつも家族のほうを向いていたこれまでとはちょっと違い、友人たちと出かけることが増えました。

「結婚すると、女の人って我慢ばっかりしているんだな」、そう娘たちに思ってほしくはないから。家事も子育てもするけれど、仕事もするし、友だちとも会う。仕事は大変そうなときもあるけれど、結構楽しそうにやってるな。友だちがいるっていいな。夫婦仲よしって悪くないな……そう思ってもらえるように暮らすこと、それが今の、私の役割なのかもしれません。

# お気に入りキッチン道具

長女は朝、いつもパン食です。私の母もパンが大好き。でも、トースターを置く場所はない。これだったら引き出しにしまえるかな、と思って買ってみたら、大正解でした。

お茶は袋のまま引き出しの中に保管するのが私流。このスプーンはクリップ付きだから袋にくっつけられて、大きさも茶葉をすくうのにちょうどいいので重宝しています。

お友だちのホームパーティで、こんなふうに木のトレイに前菜を盛っているのを見て、さっそく真似しちゃいました。スーパーに売っているものをちょっと並べただけでも、おしゃれな感じになります。

# おいしいもの

## 黒七味

黒七味／祇園 原了郭
☎075・561・2732

宮城にいるおばの家に泊まりに行ったとき、朝出てきたのが、梅こぶ茶に黒七味を振っただけのスープ。「なにこれ、おいしい！」と、一瞬でファンになってしまいました。

## ピーナツバター

ピーナッツクリーミー／
千葉ピーナツ　☎0120・877・780

千葉にいる母のお友だちが送ってくれて、そのおいしさに感動。小学校の同級生のおうちが、ピーナツバターサンドのお店をやっていたのを思い出しました。私にとって、ピーナツバターはふるさとの味なんです。

## 塩

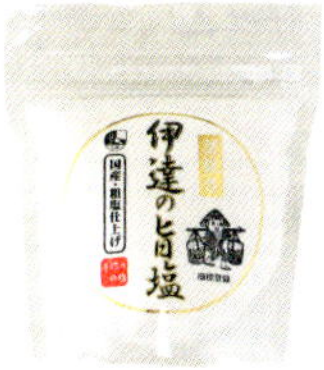


伊達の旨塩／山田油業
☎0225・97・4577

いとこが石巻でやっている割烹で使っていた塩です。ステーキにつけて食べたらおいしくって、自分でも取り寄せるように。塩の味を楽しみたい料理のときに使っています。

## クレープ

ペイザン・ブルトンクレープ／
ムラカワ　☎03・5945・2155

デパ地下で見つけた、そのまま食べられるクレープ。マスカルポーネチーズを巻いて食べるのに凝っています。夕食の支度が遅くなったときは、「ちょっとこれ食べて待っててね」と言うことも。

# きちんと収納

シンクの上にある吊り戸棚の中は、すべて無印良品のケース。私は背が高いから、一番上まで使えるんです。棚にぴったり合うサイズで重宝しているので、壊れると困るなあと思っています。

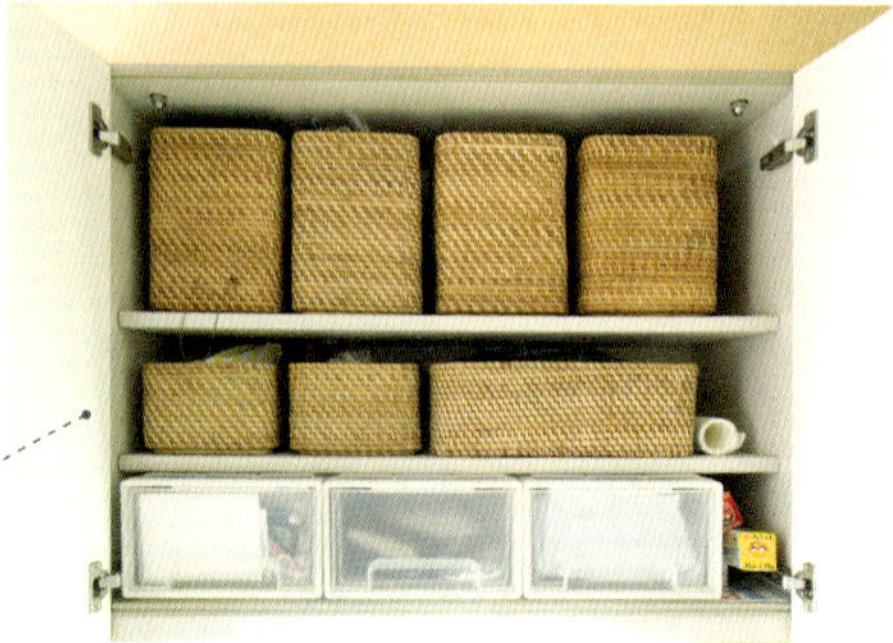

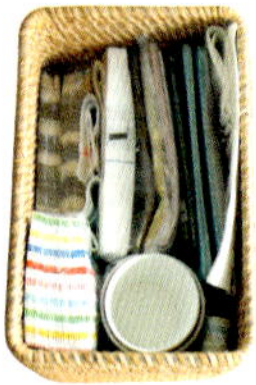

このケースの中は、紙ナプキンや紙コップ、紙皿が入っています。子どものお友だちが大勢来たときは、紙皿や紙コップでどうぞ、ということも。

食器棚は半年に一回は整理して、あまり使っていないものや欠けたものは処分しています。お客さまには、ティーカップは一客ずつ違うものを出すのが好きです。

キッチンにいるといちばん頻繁に開ける引き出し。輪ゴム、ビニタイ、ビニール袋、小さいピンチなどを、空きビンなどに収納しています。こういう小さな物が散らかっていると、キッチンが雑然とした印象になるんですよね。

# 家の中をきれいに

毎朝、シャンプーのついでに浴室を掃除するのが習慣です。このモップは網目繊維でできているので、洗剤を使わなくてもこするだけできれいになるんです。

テレビで紹介されているのを見て、即注文しました。布団専用の掃除機です。ダニやほこりが吸い込まれるのが、目に見えるからスカッとします。

SMART／レイコップ・ジャパン
☎0120・3636・12

これはフェリシモで見つけたもの。ほたての成分を使った、洗濯槽をきれいに保つための洗剤です。実はフェリシモとは、小学生のときからの長〜いおつき合い。

洗濯槽クリーナー／フェリシモ
☎0120・055・820

帽子の置き場所って、困りませんか？帽子屋さんで展示用に使っていたプラスチック型を「譲ってください！」とお願いしてみました。型崩れもしないし助かっています。

娘の白い靴下がキッチンの椅子に置いてあると、「穴が開いたからよろしく」というサイン。「もう穴が開いたの？」と毎回びっくりしながら、チクチク繕います。ママ友には、「まだそんなことやってるの？　安いものだし、買えばいいじゃない」と言われるけれど、やめられないんです。五回くらい繕ってだめになったら、切ってぞうきんにしてから、ようやく捨てます。

# 家族を迎える場所

プランツスタイリストの井出綾さんの教室で、私が作ったリース。玄関のドアに飾っています。しばらく「手作り」から離れていたから、新鮮で楽しかった！

玄関は家に帰ってきてまず目につくところだから、ホッとできるような空間にしたいなと思っています。靴箱の上のコーナーは、季節やそのときの気分によって飾りをときどき変えていますが、このときはキャンドルを使って、シックな雰囲気にしてみました。

# 第2章

# 母親が幸せになる方法

## 12　叱りすぎるママ

「子育ての悩み」についてのアンケートでいちばん多いのが、「イライラして、つい叱りすぎてしまう」という悩みです。

わかるな〜。イライラして叱りすぎたって、何もいいことはないとわかっていても、やめられない。いつか子どもに変化が訪れると信じて、叱り続ける……。

私にもそういう時期があったから、思い出すと「あんなに思いつめて頑張らなくてもよかったのに」と、切ない気持ちになります。あのときの自分の横に座り、「あなたも子どもたちも、もう十分頑張っているんだよ。ちょっと肩の力を抜いてごらん。子どもは自分の思うようになる〝物〟じゃない。もう、悪いところ探しやできないこと探しはやめて、いっしょにいいこと探しをしようよ！」と、肩を抱いてあげたくなるのです。

ある人が、涙を流しながらつぶやいていました。「あんなにかわいいのに……どうして毎日、毎日叱ってしまうんだろう」。そうなんだと思う。かわいくないから叱っているわけじゃない。愛しているし、かわいいと思っている。その気持ちがあふれすぎて、つい、「もっと、こうなってほしい」と期待するあまり、「どうしてできないの！」と責めてしまう。

子どもが将来困ることがないようにと、先々のことを心配する気持ちもあるでしょう。でもそれだけじゃない。子どもの評価は私の評価。「子どもができないのは、私がちゃんと育てていないから。いいお母さんにならなくちゃ！」。そうやって、さらなるプレッシャーを自分に与えて苦しんでいるのかもしれません。実は、自分を苦しめているのは他の誰でもない、自分なんですよね。

あるとき、考えてみました。「いいお母さんって、どんな人だろう？」。私が以前イメージしていたいいお母さんは「料理や手芸が上手で、いつもニコニコ笑っていて、優しい人」。もちろんそれも素晴らしいけれど、今、私が思ういいお母さんはちょっと違います。「自分の気持ちを上手にコントロールできる人」なんだと思う。

腹が立っても、「ここで叱ったらこの子が自信をなくす」と思えば、怒りをグッとこらえて言い聞かせることができる。口出しをしたいと思っても「今、子どもに決めさせないと成長できない」と思えば、自分にストップをかけられる。自分の気分に振り回されないこと。〝母〟という役割には、それが必要なんだと思うのです。

「無理だよ」「それじゃあ、私にストレスがたまってしまう」、そう言いたくなるかもしれませんね。私もそう思っていました。だから、夫や周囲がどんなにいいアドバイスをくれても、育児雑誌が特集を組んで、解決策を載せていても、ずいぶん長い間、悩みから抜け出せませんでした。

イライラしたり、叱りすぎていたころの私は、冷静さに欠けていました。「私がこうしてほしいのに」「私はこう思っているのに」「どうしてできないの！」と、常に自分の感情を優先していたし、感情のまま行動することに問題があるとは感じていませんでした。

感情が湧《わ》きあがるのは自然なこと。だとしても、気持ちを表に出すか出さないか、ひとりの大人として、子どもにどう表現するかを選択するのは、結局、私たち自身なのです。私が自分の感情をセーブする。自分の行動は、自分が決めている。つらくても、そう自覚したときが変わるチャンス……私はそう感じています。

「でも」「だって」と言っていては、いつまでも変わらないから。振り上げそうになった手を、自分で抑えてみる。言いたいことが三つあったら、そのうちひとつは言わないでみる。叱る声のトーンを落としてみる。結局はこれも、練習なんだと思うんです。繰り返しているうちに、できることは増えてくるはず。すぐに変化は感じられないとしても、積み重ねの先に〝変化〟が訪れると信じています。

# 13　頼っても、いいですか？

今の家に引っ越してきたばかりの、ある雪の日のことでした。

長女を幼稚園に送っていこうと、まだゼロ歳児だった二女も連れて、車で出かけようとしたところ、タイヤがスリップ！　慌てて家にUターンしました。

自転車も危ないから、歩いていくしかないけれど、ベビーカーが滑りそうだし、赤ちゃんに風邪をひかせたくないし、どうしよう……。私は、途方に暮れてしまいました。

そこで浮かんだのは、近所に住んでいる大家さんの顔です。長女を幼稚園に送っていく間だけ、下の子を預かってもらえないかしら……？　あいさつだけのお付き合いだけれど、思いきって頼んでみよう。

ドキドキしながらドアを叩いた私に、「いいわよ。うちも姪がよく子連れで遊びに来るから、赤ちゃんには慣れているし、三十分くらいなら大丈夫」と、快《こころよ》いお返事が。

そのときの、ほーっと救われた気持ちは、今でも忘れることができません。

それまで、自分の両親に近い年齢の方たちを頼ることなんて、ありませんでした。〝迷惑なんじゃないか〟という迷いもありました。でも、頼ることで生まれる人間関係もあるんですね。お願いに行ったとき、お礼に出向いたときに、ちょっと立ち話をする。そこで、私たち家族のことを知ってもらう機会も生まれます。

私もそうですが、困っている人がいれば助けになりたい。でも、困っているかどうかもわからない人に、手を差し伸べることはできません。思いきって頼ってみたことがきっかけで、その大家さんだけでなく、近所の方たちとのお付き合いも、スムーズになった気がします。

子どもが小学生のころは、「お姉ちゃんが、鍵を忘れたってうちに来ているよ」と、ケータイに電話をもらったこともあります。「困ったときにはおいでって、娘さんたちに伝えてね」。通りがかりに、そう言ってくださる方もいます。実際に頼るかどうかは別にして、〝イザというときに、頼れる方たちが近くにいる〟と思えるだけで、気持ちに余裕を持って暮らすことができるものです（もちろん、信頼できる人かどうかの確認は大切ですけれど）。

娘たちが成長して、子育てがラクになった今。近所から赤ちゃんの大きな泣き声がいつまでも聞こえるとき、あの雪の日、小さな子ども二人を連れて立ち尽くしていた自分を思い出します。

子どもから手が離れ、時間ができた今は、今度は私が人の役に立つ番。年に数回ですが、保育ボランティアにも参加するようになりました。大きな力にはなれなくても、困っている誰かがいたら、助けになれる自分でいたいな、そう思っています。

## 14　雨の日は、何をする？

雨の日は好きですか？　嫌いですか？

友人が言います。「私、雨の日は嫌いだったな〜」。遠くを見つめ、息子さんが小さかったころをしみじみ思い出している様子。「公園に行けないと、子どもは体力を持て余しちゃうでしょう？　二人っきりでどうやって一日を過ごそうかって、すごく憂鬱《ゆううつ》だった」。わんぱくな男の子のお母さんには、私にはない悩みがあったんだな。

私は、雨の日が嫌いじゃなかった……というより、むしろ好きで、雨の日の朝は正直ホッとしていました。公園まで往復する時間や、子どもが遊んでいるのを見ている時間がない分、家のことがゆっくりできる。日焼けもしなくてすむし、公園で出会う見知らぬママと、無理に話を合わせなくてもいい。「ゆっくりコーヒーでも飲もうかな」「お裁縫でもしよう」。そう思えたのが、雨の日でした。

そうは言っても、何もしなければ小さな子どもは飽きてしまいます。そんなとき私は、キッチン用品を娘の前に並べました。子どもって、どんなにたくさんのおもちゃが家にあっても、すぐに飽きてしまうものです。いつの間にか、泡だて器でフライパンをたたいたり、菜箸でボウルを打ったり。本来の使い方とは違うけれど、楽しそう。もう少し大きくなったときには、トイレットペーパーの芯や、いらないプラスチック容器、ひも、箱、段ボールなどの不用品を取っておき、「これでなんでも作っていいよ」と、自由に工作をさせました。ビリビリ破いた折り紙を、いらない紙に貼るだけでも大喜び。いつもと違う遊びは、子どもの笑顔を増やしてくれました。

遊びだけでなく、家事をいっしょにやったりもしました。時間がかかるのを想定して、三時くらいからいっしょに夕飯作り。といっても、じゃがいもを洗うとか、お鍋に材料を入れるといった小さなことですが……。

「お風呂は夜入るもの」なんて決めないで、雨の日は早い時間からゆっくり長風呂をし、お風呂の中で遊んじゃったことも。子どもに元気が余っているときには、布団で跳び箱を作ってやったり、布団の上でマット運動をしたりと、なんとかストレスを発散させました。

子どもに、四六時中付き合う必要はないけれど、「あなたのこと見てるよ」「いっしょにやると楽しいね」というママの表情が必要なんだと、娘たちから教えてもらったような気がします。短い時間でも真剣に遊んでやると、子どもは満足して、そのあとひとりの時間も楽しめるもの。だから、自分がやりたいことがあるときほど、まずは子どもと夢中になって遊びました。

それでも子育てに煮詰まり、イライラしてどうにもならないことって、ありますよね。

どうしてもつらいときには、二～三時間、子どもを託児所に預けることもありました。家にいてガミガミ叱っているより、ちょっと離れることで、自分もリラックスできるし、用事も倍のスピードで進みます。子どもも、お友だちや先生と楽しい時間を過ごすことができます。もし泣いたとしても、幼稚園に入る前にママから離れる訓練だと思えば、悪くない。おかげで二女は、すんなり幼稚園に通うことができました。

「雨の日が嫌い」という人は、あえて素敵な長靴や、傘、レインコートを用意して、雨の日の散歩を楽しんでみませんか？　木から滴《しずく》が垂れる様子は雨の日にしか見られないし、水たまりをビシャビシャと走り抜けるのも、雨の日にしかできない楽しみです。

「今日は嫌な気分だな」と思って過ごしても、「雨だからうれしい」と思って過ごしても、同じ一日。雨の日ならではの〝いいこと探し〟をして、楽しく過ごせるといいですね。

# 15

## お母さんらしくていいじゃない

「〝子どもがいるのにキレイ〟って、よく言いますよね。〝お母さんらしい〟のってダメですか？　子どもがいるって、そんなにマイナスのイメージなんでしょうか？」

ある人からこう言われて、ちょっと考えてしまいました。

お母さんって、子どもを育てる重要な役割をしているのに、なんとなくマイナスのイメージ。お母さんらしいって、いけないこと？　そんなはずはないんだけど、でも……。

たとえばもし私が、「子どもがいるようには見えない」と言われたら、それがリップサービスだとわかっていてもちょっとうれしくなります。心のどこかで、私も「母親らしい自分」を否定したいと思っているのだと、そのとき初めて気がつきました。

「お母さんらしい」＝「疲れたイメージ」だったり、おしゃれとはほど遠い、「女性として今一歩のイメージ」と、結びつけていたのかもしれません。

確かに、母親にはそんな時期もあります。子どもたちが小さいころは私もそうでした。

よだれがついてもいいように、常に汚れてもいい服を着ていたし、立ったりしゃがんだりが多いから、動きやすい服を選んでいました。赤ちゃんとの生活は、水仕事が多いので、指先はいつもガサガサに荒れていて、友人たちの指輪が似合うキレイな手とは大違いでした。

毎朝おしゃれをしてさっそうと駅へ向かう同年代の女性たちを見て、「今の私って……」、そう落ち込んだことが何度あったでしょう。

そんな大変な時期も、そのときは長く感じたけれど、今思えばほんの短い期間でした。

そして今、赤ちゃんや小さな子どもを育てているお母さんたちを見て思うのです。母親ならではの女性が醸《かも》し出す温かい雰囲気、いい表情があるのだということを。

先日、ママ友だちが、二歳の男の子を連れて遊びに来ました。いっしょにお茶を飲みながら、彼女が息子の世話をするのを見ていました。

階段を上っていこうとする息子を、「ダメよ」となだめて抱きかかえる姿。こぼしそうなジュースが入ったコップを、小さな手といっしょに支えて持ち、「おいしい?」と聞く姿。「もう、毎日うるさくて」と言う彼女を、私は心の底から、ひとりの女性として「キレイだな〜」と思いました。

しぐさのひとつひとつが愛情にあふれていて、彼女自身も、幸せに満ちあふれているように感じたからです。

彼女たちが帰ったあと、その子が遊んだおもちゃを片づけ、敷いていたマットにこぼれたお菓子を払いながら、小さかった娘たちとの時間を懐《なつか》かしく思い出しました。

そういえば、こうして外に向かってマットの食べこぼしを払うと、次の日の朝、庭に小鳥たちがチュンチュン寄ってきてたな〜。散らかったおもちゃを見て、「まったく、こんなに散らかして」と思いながら、半分ため息、半分笑顔の私だったと。

ときどき夫とも、子どもたちが今よりも小さかったころのことを思い出して話します。体が弱かった長女を、私たちは何度も、夜中の救急病院へ運びました。あのときの私は、どうでもいい服に上着をはおり、髪をギュッとひとつに縛《しば》り、ゲッソリした顔をしていたでしょう。

でもそれも、自分より娘が大事だったから。あのときの大変さがあったからこそ、自分に時間ができた今を「ありがたい」と思い、「おしゃれができてうれしい」と感じられるのです。

「あのころの私、結構頑張ってたじゃない」。そう思える自分自身が過去にいるって、悪くないものです。

# 16　赤ちゃんへの視線

子どもが小さいころ、「どうして私、こんなに周囲の人に謝ってばかり、頭を下げてばかりいるんだろう」、そう思った時期がありました。

公共の場所やファミレスで、子どもが泣いて「ごめんなさい」。電車の中で座ると、抱っこひもの中の子どもが足をバタつかせ、両側の方に「申し訳ありません」。十数年前は、今のようにベビーカーを広げて堂々と電車に乗れる時代ではなかったから、「ベビーカーが邪魔ですみません」。……子どもを持ったことで、なんだかひどく生きづらくなってしまったような、ママである自分がこの世の中の邪魔な存在になってしまったような、そんな気さえしていました。

年月が経ち、さまざまな経験をするうちに、「頭を下げてばかりいる」と思っていた私の気持ちは、少しずつ「周囲のお世話になっている」「周りの方に許してもらいながら子育てをしている」に変化しました。こちらから先に頭を下げることで、子どもがいる状況でも過ごしやすくなることが多くあったな〜と感じています。

子どもが賑《にぎ》やかになりすぎたとき「うるさくて申し訳ありません」と言うと、相手の眉間に寄っていたしわがゆるみ「いいよいいよ」と許していただくこともありました。周囲が嫌な思いをしていると勝手に想像して謝り続けていると、「子どもは元気なくらいでいいんだよ。気にしないで」と笑ってくださる方もいました。

それに、子どもがいたからこそ、人の温かさもたくさん感じることができたと思います。子どもを抱いているだけで、ニコニコと優しい目線を向けてくださる方がいたし、「かわいいわね～」「ママも頑張っているわね」と、私や娘たちに声をかけてくださる方もたくさんいました。

ある人が言っていました。子どもを持ったとたん、〝世の中に大事にされて当たり前〟と勘違いをしてしまう、周囲に期待しすぎるママが多すぎると。「あっ、以前の私のことだ！」と、ドキッとしました（汗）。

確かに子どもは、これからの日本を背負う〝宝〟なのかもしれません。でも、日々生活をするとき、私たちの周囲にはいろんな人がいることを忘れてはいけないと思うのです。子どもを持ちたくても持てず、子どもを見るたびに悲しい思いをする人。子どもを亡くした人。計り知れない悲しみの真っただ中にいる人。子どもが苦手な人。私たちは、そういう人の隣で子育てをしていることもあるということを、忘れないようにしようと思います。

そして今、逆の立場になって思うのは、あのころ私が思っていたほど、周囲は気にしていなかったのかもしれないということ。もしかして、その人は何げなく赤ちゃんの声がするほうを見ただけだったのに、それが私にはひどく冷たい視線に感じられたこともあった気がします。

今私ができること、それは、小さな子どもとママに視線を向けるときは、ほほ笑みを浮かべて。それができないときには、あえてそちらのほうに目線を向けないことも優しさなのかな……そう思っているところです。

# 17　ママがいちばん

長女が小さかったころ、私はとにかく自分の子育てに自信がありませんでした。子どもに必要とされているという自信もなく、子どものことなら私に任せてという自信もない。母親として、不安だらけでした。

落ち込む私に、夫は言いました。

「バカだな〜。たまに会った人に優しくしてもらったら、子どもはそっちのほうが楽しいと思うのが当然でしょ。でも、子どもがいちばん好きなのは、ママに決まってるだろう」

その頃の私に〝そうだ〟という確信はなかったけれど、何度もこの言葉に救われたものです。

今、新米ママたちを見ていると、昔の自分と重なることがあります。うちに遊びに来たとき、私と遊んでキャッキャとはしゃぐ子どもたちを見て、ママが言います。

「うちにいたら、こんなふうには楽しまないよ。泣いてばっかり。やっぱり二人育ててるから、あなたは遊ばせるのが上手だよね」

そういうときの彼女たちの顔は、少し不安げです。

確かに、私は子どもに慣れているし、子どもの扱い方も、多少はコツを知っています。自分の子どものときには余裕がなかったけれど、よその子とは、ゆったりした気持ちで遊んであげられます。でも、よその子どもが、こうしたら泣きやむとか、今何をしてほしいとか、それは私にはわからない。その子のママだけが、わかることなんだと思うのです。

私には、大好きな瞬間があります。ビービー泣いていた赤ちゃんが、ママの胸に抱かれたとたんに、ピタッと泣きやむとき。おっぱいを飲み終わって、気持ちよさそうな表情で、眠りにつくとき。おっぱいやミルクに添える手を見たとき。子どもが泣いているのを見て、ママが、「オムツだね」「眠いんだね」「○○が嫌だったんだよね」と、すぐ理由を見つけてあげられるとき。

そんなとき、私は思わず口にします。

「あー、やっぱりママがいちばんだよね～。どんなことしたって、ママにはかなわないよ」

それを聞いたママたちの顔は、なんとも言えないいい表情になって、こちらまでホワーンとしたいい気分になるのです。

〝ママがいちばん〟。この言葉は、ママに自信をくれる、最高のほめ言葉なんですよね。

# 18　私の子育て、間違ってる？

先日、私のブログに「同居している両親が、子どもにおやつを与えすぎて困る」というコメントをいただきました。

子育てに関しては、自分の親や夫の親たちと意見が違って迷うことがありますよね。私もそうだったので、思い出してちょっと切なくなりました。

たとえば、子どもを叱ることひとつとってもそう。

私が、子どもの行儀の悪さや言葉づかいを叱っていると、「そんなに叱らなくても」とか、「せっかくいっしょにいるのだから、なにも今、叱らなくてもいいじゃない」などとよく言われたものです。でも親の私にしてみれば、時間がたってからだと伝わらないと思うし、場所や時を選んで叱りたくはありません。同じことをしたのに、「あのときはよくて、今はダメ」では、子どもも混乱するでしょう。

「私のことはあんなに厳しく育てたのに、孫を叱るな、なんておかしくない？」と両親に詰め寄ったことも……。

祖父母たちは、自分たちが何かをすることで孫たちが笑顔になる、それが、ただただうれしいんですよね。親も祖父母も、どちらも子どものことを大切に考えているけれど、考えている部分がちょっと違うだけ。今ならわかるのに、親としての責任感ばかりに気持ちが向いて、そこに気がつくことができなかったな。「もし虫歯になったら、歯医者に連れて行って、泣きじゃくる子どもを押さえつけてまで治療をさせるのは私。何かあったとき、『どんな育て方をしているんだ』と言われるのも私なんだから」と思っていました。

昔、子どもたちを保育園に入れてパートで働こうと決めたときにも、双方の親たちから、「三歳までは母親がそばにいたほうがいいんじゃない？」と心配されて、悩みました。

長女が病気がちだったことも重なって、そのころの私は、気が滅入っていました。いろいろと言われるうちに、自分のやり方で本当にいいのかどうかわからなくなってしまったのです。きっと、母親としての自信もなくしてしまっていたんですね。二十代半ばで周りにはまだ子育てしている友人もいなかったので、相談する人もいませんでした。

何かにすがりたいと、無料の「子育て相談ダイヤル」に電話をかけてみました。カウンセラーの方は言いました。

「お母さんの考え方でいいんですよ。間違っていないです。責任を取るのは親ですから、自分がそれでいいと思うのならば、自信を持って育ててください」

その言葉に、涙が止まりませんでした。あのときのホッとして救われた気持ちは、今でも忘れられません。今思えば、私の言い分は間違っていたのかもしれません。でも、それが正しいとか間違っているとかではなく、私が自信を取り戻し、楽しく子育てすることを優先して、回答をくださったのでしょう。

子育てに余裕ができた今では、夫の両親のおおらかな子育ては私に欠けている部分だし、叱り方の基準のようなものを教えてくれたのは私の両親だなと思えます。振り返ると、やっぱり自分たちの親なしの子育ては考えられません。

今はこう思います。親世代には「自分も子育てをしてきた」という自負がある。だからこちらも、「そうですね」「そうだよね」と、いったんは助言を受け入れる気持ちを持とう。でも子どものために「ここだけは自分の考えを優先したい」ということはちゃんと伝えてみようと。

子育てには、いろんな意見があって当たり前。耳を傾けすぎて、疲れたり悩んだりするよりも、自分らしく楽しく子育てしたいですよね。

# 19　止まらないときは、どうする？

ときどき、虐待のニュースを目にします。「親が子どもにすることではないでしょう？」と思ういっぽうで、「人ごとじゃないな」と感じることも……。

わが家では、子どもに何度も同じことを言って、それでもわからなかったら、子どもに手を上げることがあります（それがいいと言っているわけではないですよ）。最近では子どもたちも大きくなって、口で言えばわかるようになりましたから、手を上げることはなくなりましたが、小さいころはたまにありました。

ふと考えます。もし、叩いた拍子に子どもがよろけて倒れ、ぶつけた場所が悪かったら……。もし、こちらの力が思ったより強くて、子どもが階段の上から転げ落ちたら……。私だって、虐待をした母になっていたのかもしれないと。

子どもはかわいい。かわいいのだから、いつも優しくできるはず。そう思われがちだけれど、思ったようにはいかないのが現実です。

常に自分の感情をコントロールできる冷静な母親でいられるなら、それが理想ですが、子どもが小さいとき、私にはなかなかできなかったな。夫とケンカしたときや、人間関係がうまくいかなかったり悩みがあるときには、ストレスがたまって、つい子どもにぶつけてしまったものです。生理中はイライラするし、自分の体や気持ちなのに自分でコントロールできなくて、優しくできないときも……。そんな母親を「甘ったれている」と思う人もいるでしょう。

以前、テレビである人がこんなことを言っていました。「子どもが欲しいと思っていたときは、『どうして私のところに生まれてきてくれないの。私ならかわいがるし、優しくするのに……』と思っていたんです。でも生まれたら、私も子どもにつらく当たってしまって」と。そうそう、なかなか思うようにできないのが子育てなんだよね〜。

叱るのをやめられないとき、叱りすぎてしまうとき、私は祖母にこう教えられました。「とにかく短い時間でいいから、子どもから離れなさい」と。

トイレに入る、庭の花に水をやる、それだけでも、叱っている自分を一瞬止められる。気持ちを落ち着けて、「どうしてこんなに叱っているの？」と、自分に聞いてみることができます。フ〜ッと深呼吸するだけでもずいぶん違うし、「そういえば、もうすぐ生理だからイライラしているんだ」と、理由がわかったり、「こんな小さいことでしつこいな、私」と反省することもあります。

ママの叱る声が大きくなったり、何度も同じことを言い続けているときには、「自分で止められなくなっているな」と周りが気がつき、止めてあげることも必要です。わが家でも、私が叱っているところに夫が来て、「あとはオレが話すから、休んでて」と、子どもと私を引き離してくれたり、ときには、「そうだぞ、お母さんの言う通りだ。もうわかったね。じゃあご飯にしよう」と、止めてくれることがありました。

子どもの前で、「叱りすぎ」とか、「そんな言い方ないだろう」と、私を責めないでくれることにも、救われました。子どもが寝たあとで、「さっきの言い方はマズイよ」とか、「もう少し冷静に」と注意されたことは何度もありますが（汗）。私たち母親のほうも、間違いはありますから、助言を素直に聞く耳を持つことも大切ですね。

私が変わったきっかけは、カウンセリングを学んで、感情は自分のものだと気がついたこと。子どもが私を怒らせているわけでも、何かにイライラさせられているわけでもなく、私が自分でイライラしたり、腹を立てているのだと気がつくこと。それが、感情に流されすぎないようにするためのスタートなのです。

## 20 子どもを信じること

幼稚園から小学校へ、小学校から中学校へ、そして高校へ……そういう変化の時期を、娘ふたり合わせて六回味わいました。

情けないことに、どの時期も不安で、心配ばかりしていた母親でした。私はいつだって、まだ起きていないことを「ああなったらどうしよう?」と先回りして考え、自分のことのように不安になっていましたから。

それだけではなく、子の評価＝私への評価のように感じて、「あれもこれも、ちゃんとさせなくちゃ!」という、妙な気合いも入っていたりして(汗)。でも、どんなにこちらが表向きを取り繕っても、面談で先生とお話をすると、ありのままの娘が、家庭が、親が、見えているな〜と感じます。今思えば、私が自分の不安をぬぐうために娘たちに向けた「ちゃんとしなさい」の言葉は、単に子どもたちの不安をあおり、プレッシャーを与えていただけだったのかもしれません。

長女が中学に入るときには、学校や部活について、あまりよくない噂があれこれ耳に入りました。「あの部は人間関係のトラブルが多い」とか、「とにかくハードだ」なんて話を聞くたびに、なんだか胸がザワザワ……。今思えば、いい噂も同じくらいあったのに、不安な情報にばかり心がとらわれていたのでしょう。

どうしても放っておけなくて、長女に対してあれこれと押し付けるようなアドバイスをしたり、担任の先生に連絡帳で相談したこともあります。そんな私に夫が言いました。「どこの学校へ行っても、主張が強い子もいれば優しい子もいるよ。トラブルもあって当たり前。部活がハードなら、初めはつらいかもしれないけれど、体は強くなるよ」と。その言葉通り、長女はいろいろな考えの人がいることを学び、ときにはぶつかり合いながら、自分なりに人間関係を作り上げています。部活で走って走って、走りまくったおかげで、体力もつき、たくましく成長しました。

結局、問題は子どもにあったのではなく、私にあったのかもしれません。

心理カウンセラーの信田さよ子さんが書いた、『夫婦の関係を見て子は育つ』(梧桐書院)という本があります。そのなかの「その問題は誰の問題ですか?」というくだりにドキッとさせられました。子どもの不登校に悩む親に、信田さんは「それはあなたの問題? 娘さんの問題?」と聞くのです。その親に自分を重ねてみると、私の答えは「娘に何か起きたら、それは娘の問題です」。「じゃあ、あなたの問題は何?」「娘が悩んだりつまずいたとき、自分も同じように悲しくなって、どうしたらいいのかわからなくなること」。また、「娘の力を信じてやれず、『私がなんとかしなくちゃ』と、出しゃばる気持ちが消えないこと」なのかもしれません。

子どもたちには、つらい思いや悲しい思いをさせたくないと思うのが親。でもそんな思いをすることなく成長することなんてできないですよね、私たちもそうだったように。

子どもの気持ちは子どもの気持ち、私の気持ちは私の気持ちと距離を置いて、話を聞く、解決策を考えるというのが、私たちのできることなのかなと思います。その場にいない私たちだからこそ、友だちや先生の言葉や態度を、冷静に受け止めたり、判断することができるはず。

親にできることは「この子なら大丈夫。きっと自分の力で解決できる」と子どもを信じること、応援することなんですね。

## 21　どうしてウソつくの？

私が書いているブログに、こんな質問がありました。

「子どもが仲よくしているお友だちが、よくウソをつきます。美穂さんならどうしますか？」

一概に「こうします」とは言えないけれど、子どものウソというと、思い出すことがあります。コメントへのお返事になるかどうかわかりませんが、お話ししてみます。

二女は幼稚園のころ、ウソがとても多い時期がありました。やったことを「やっていない」と言ったり、しなければならないことをし忘れたのに「やったよ」と言ったり。どうしてウソをつくのかと言ったら……簡単です。叱られたくないから。

つまり原因は、私だったのです。

私は幸い、早い時点でそれに気づくことができました。

「どうしてウソをつくの？」と私が二女に詰め寄っていたとき、長女が言ったのです。「正直に話しても、ママが怒るからだよ。私だって、正直に言ったのに叱られたことあるもん。そうしたら言えないじゃない」

ハッとしました。正直になるチャンスを、私が奪っていたなんて。

子育ての専門家の本を読んだら、こう書いてありました。

「ウソをついたことよりも、どうしてウソをつかなければならなかったのかを考えてみてください」と。

理由のないウソはないというのです。

それからは、私自身も変わる努力をしました。

「どうしてそんなことをしたの？」、そう聞く前に、まずは、正直に話してくれたことをほめてあげようと。もちろん、私が叱るのをやめたからといって、すぐには直りません。

それでも、「間違ったことをしたことよりも、ウソをつかれるほうが悲しいな」「正直に言ってくれて、ママはうれしかった」「悪いことをしたら、親だから叱るよ。でも、どんなあなたでも、ママは嫌いにはならないからね」という言葉を、なるべく口にするようにしました。

今でも多少のウソをつくことはありますが、以前のような〝バレたくない〟というウソはずいぶん減ってきたように思います。

あるとき雑誌を読んでいたら、「ウソは成長の証し」という内容の文章を見つけました。私はそれまで、「子どものウソ＝ダメ！」と思っていたので、この文章を目にして、とても心が軽くなりました。そんな考え方もあるよね～と。

二女の友だちがうちに遊びに来たとき、こんなことを言っていました。「この間、私、学校に忘れ物をしたの。ママに言うと叱られるから、『お友達と校庭で遊ぶ』って言って、取りに行ったんだ」

こんなささいなことも、親にバレれば小さなウソ。でも、よーく彼女の話を聞くと、「また忘れ物をしてきたのね！」と、がっかりするママの顔を見たくないという、優しい気持ちが見えるようでした。「だれにも迷惑はかけていないんだし、だいじょうぶだよ」。私はそう言いました。

大人だって、ウソをつかない人なんていませんよね。すべてに悪意があるかといったら、ちょっと違います。それよりも、気づかいからくるウソのほうが多いはず。人を傷つけたり、自分をごまかしたりするウソはいけないけれど、思いやりや、気づかい、優しさからくるウソは、成長の証《あかし》……そう思うことにしましょう。

## 22　ママが、働くということ

毎朝、夫を車で駅まで送っていくとき、保育園に子どもを送っていくパパやママたちをたくさん見かけます。最近は「イクメン」と呼ばれるような協力的なパパも増えているようで、なんだかほほ笑ましく感じます。

同時に、働くママたちの毎日の大変さを想像すると、自分の子育てと重なって、グッと胸が締め付けられそうになることも……。

小さい子を抱えながら働くママたちから、お話を聞くことがあります。どの方も、できるだけ子どものそばにいてあげたい、甘えやわがままを思う存分受けとめてあげたいという気持ちがあるいっぽうで、生活のために仕事を辞められない事情や、仕事が好きでどうしても辞めたくないという気持ち、今辞めると、二度とこの仕事に就けないかもという不安の間で、揺れ動いているといいます。そんな話を聞いていると、私もかつて、長女を保育園に預けてパートに出たときのことを思い出します。

長女が生まれたころ、夫は就職したばかりで、生活はギリギリでした。私はひどいつわりで仕事を辞めていましたが、子どもが生まれた後、「もう少し収入を増やしたい」と思い、一時期パートで働きに出ることにしました。

「まだ子どもが小さいうちは、働くのはやめたほうがいい」……周囲の人からそんな言葉をかけられるたびに、私は思っていました。「そんなことはわかってる。働かなくてもいい状況なら働いていない。私だって本当は子どものそばにいたいのよ」と。

張りきって始めた仕事でしたが、そのころの長女は体が弱く、頻繁《ひんぱん》に仕事を休まなくてはなりませんでした。ときには、長女が病み上がりでまだ完全に治ったといえない状況でも、微熱があって、呼び出しの電話がかかってくるかもしれない状況でも、保育園に置いていかなければならないことがありました。そんなときは、「そばにいてあげられたらどんなにいいだろう」と、何度も思いました。

そんな私にとっての救いは、保育園の先生方が、娘を温かく見守り育ててくれたこと。初めての育児に慣れない私に、たくさんのアドバイスをくれたこと。職場の上司が、たびたび休んだり早退したりする私の無理をきいてくれたこと。そして夫の母が、自分のパートを休んでまで、長女をみてくれたことです。

でも正直言うと、あのころの私に、それを「ありがたい」と感じる余裕はなかったかもしれません。自分の大変さばかりに気持ちが集中して、ときには夫に「どうして私だけこんな大変な思いをしなくちゃいけないの」と食ってかかり、ケンカになることもありました。フルタイムで同じように働いていたならまだしも、パートで働く私のために、夫が仕事を休むことになっては元も子もありません。そんなことを考えることもできないほど、気持ちはいっぱいいっぱいでした。

自分たちの力だけでは、とても長女は育てられなかったと思います。たくさんの人に支えられたおかげでここまで育てられたのだと、あとになって気づきました。

そしてもうひとつ、今振り返ったときにホッとすること。それは、周囲から見れば、立派な、理想通りの子育てではなかったとしても、なんとか生活を成り立たせたい、娘に愛情だけは向けたいと必死で過ごしてきた、夫や自分がいたということ。

子育てしながら働くママたちは、今は本当に大変で、悩むこともたくさんあるでしょう。それでも、助けてくれる人に感謝しながら、たとえ短い時間でも、子どもといっしょにいられるときには精いっぱい向かい合い、愛情を伝えられたなら、あとになって「あれでよかったんだ」と思える日がきっと来るはずです。

## 23　我慢できないのはどっち？

「子どものおもちゃを減らしたいんだけど、子どもが嫌だって言うから捨てられなくて、どんどん増えていくの。どうしたらいい？」

こういう話を聞くと私は、「あっ、ママが我慢比べに負けてる」って思います。

子どもって案外賢い。自分の経験から、『嫌って言えば、ママは捨てない』と、ちゃんとわかっています。そして外出先で「新しいおもちゃが欲しい」と言うと、ママは「しょうがないわね〜」と買ってあげてしまうことも……。

実はここで我慢ができていないのは、私たち親のほう。「せっかく買ったものを捨てるのはもったいない」という自分の気持ちを、子どもの「嫌」という言葉に救ってもらっているのかもしれません。おもちゃを買う理由も、「買わないと子どもが泣くから」と、子どものせいにしているけれど、本当は私たちが「出かけた先で嫌な雰囲気になりたくない、わがままを言って泣いている子どもの親と思われたくない」と思っていたりして。

ずっと前、母に言われました。

「あなた、子どもたちには小さいころから本当に厳しかったわよね～。いっしょに出かけたとき、子どもたちがわがままを言ったり、あれが欲しいこれが欲しいって駄々をこねると、『わがまま言うんだったら帰ろう』って言って、本当に帰っちゃったことがあったでしょう？　実は私、思ってたの。『私たちはたまにしか孫といっしょにいられないのに、どうして楽しい雰囲気を壊すのよ！今日くらいいいいじゃない』って。でも今は、あれがあの子たちのためだったんだなって思うわ。結局、子どものわがままに大人が負けないことが大事なのよね」

母の言葉を聞いているうち、私もそのときのことを思い出してちょっと切なくなりました。本当は私も悲しかったから。「ここで私が『やっぱりいいよ』と言ったら、どれだけ楽だろう」、そんな気持ちを必死で抑えていたのです。

私たち親はつい、「子どもが悲しまないこと、すべてを満たしてあげることが子どものため」と思いがちです。でも一歩間違うとそれは、子どもが我慢を学ぶチャンスを奪っているのかもしれません。我慢を子どもに教えるには、親である私たちも、ときには自分の気持ちをグッと抑えることが必要なのでしょう。

とはいえ、子どもも少し大きくなると、「ダメ！」と親がいっぽう的に意見を押し付けるだけでは納得しません。そこで、私なりの方法が。まず「質問列車」に乗せて、子ども自身に、左右どちらへ行くかを選ばせるのです。このとき肝心なのは、選択肢はこちらで決めるということ。

たとえば先ほどのおもちゃだったら、物は増やさない方向に二本のレールを敷いておいて、子どもに「捨てる」か「新しく買わない」のどちらかを選ばせる。友だちと出かけるのであれば、「帰宅時間を守る」か「約束を破ったら、次の友だちとの約束はキャンセル」のどちらかを選ばせるのです。

そしてもうひとつ大切なのは、せっかく子どもたちが決めた選択を、私たちが「ま、いっか」とうやむやにしないこと。もし子どもが「おもちゃを捨てない」と言ったら、どんなに欲しいものがあると言っても、おもちゃを買ってやることはありません。帰宅時間を守らなかったら、たとえ次にお友だちのお誕生会に誘われていても、キャンセルさせます。

彼女たちを、きちんと生きていける人間に育てることが、私たちの役目。ただただ「かわいい、大事」とすべてを満たして育てるのが親じゃないよね。迷ったときは、夫とそう話しているのです。

## 24　嫌な思いをして

長女が小学生だったころ、何度注意しても「忘れん坊」の直らない彼女に、私は毎日イライラしていました。

「メモしてランドセルに貼っておこうよ」

「大丈夫！　と思っても、もう一度確認しようね」

いろいろ提案しましたが、ちっとも身につきません。

「○○は持った？　ちゃんと確認した？」という私の問いに、自信を持って「うん！」。

それなのにやっぱり忘れ物。「だって、あると思ったんだもん……」

夫が帰ってくると、私はいつも娘についての悩みをぶつけました。「どうしたらいいと思う？」

すると彼は、決まってこう言うのです。

「ほうっておけば？」

「よく、そんなことが言えるよね。あなたは、あの子がずーっとこのままでいいと思ってるの？」

「でもさ～、変わらないのなら言ってもムダだし、君がストレスをためるほうがよくないと思うんだよね」

まったく……のほほんとしてるんだから。

私は怒りをぶつける場がなくなって、同じ年の子がいる友人に話しました。

「うちも同じよ。こっちは一生懸命悩んでいるのに、夫はほうっておけって言うの。でも、母親にはそれがなかなかできないのよね」

「本当だよね～」

でも、私もしだいに気がついてきました。「ほうっておけないから、子どもが変わらないんだ」。ついなんでも先回り。なんでもフォロー。子どもに嫌な思いをさせたくなくて、そして私自身もいい親だと思われたくて、失敗の少ない状態にしたかったのでしょう。

娘たちの失敗の話をすると、夫はこう言います。

「かわいそうだったかもしれないけれど、きっと次は気をつけるし、失敗しないように努力すると思うよ」

親ですから、子どもが泣いたり、落ち込んだりしている姿を見ると、やっぱり心が痛みます。それでも、失敗は子どもを大きく成長させてくれると信じて、つい出したくなる手をなるべく引っ込めることにしました。

今でもたまにグズグズ起きだして、のーんびりお着替え、のーんびりご飯、の二女を見ていると、つい、大声でこう言いたくなります。

「ホラ早くしなさい！　遅れるよ！」

でも、心を鬼にして、グッとその言葉を封印。子どもに本当に「わかってほしい、変わってほしい」と思ったら、自分で失敗して嫌な思いを経験するしかないから。

以前、長女の担任の先生が言っていました。

「お母さんたちが、学校での子どもたちにやってあげられることは、何もありませんよ」

本当に、そうかもしれません。

先日、私は夫にこう言いました。「あなたがいつも言っていた『ほうっておけ』は正解だったと思うんだ」。夫は「でしょっ?」。

わかっていても、なかなかほうっておけない私だからこそ、〝見守って〟ではなく、〝ほうっておけ〟でちょうどよかったんだな～とも思います。子どもは、自分で成長する力をちゃんと持っていて、必要であれば自分で変わろうとするし、やってみようとするものだから。

## 25 強さと優しさと

「先生に〝強くなりなさい〟って言われたの」

長女が小学校高学年のとき、落ち込んだ様子で私に話してくれたことがありました。

長女はもともと争いごとが苦手で、物事が丸く収まるのが好きなタイプ。高校生になった今は、だいぶ思ったことが言えるようになりましたが、それでも言いたいことを胸の中に収めたり、ぐっと我慢することのほうが多いのです。

先生はそんな長女に、〝人に流されず、自分の意見をきちんと言える人になりなさい〟と言いたかったようです。

私はこう言いました。

「無理に強くならなくてもいいんじゃない？　今のままで。あなたのいいところは優しいところでしょう。だったら、そこを大事にしたほうがいいよ」

私の子ども時代は、彼女とは正反対。強い部分が前面に出ている子でした。

自分の言いたいことははっきり言えたし、主張している理由が明確な分、簡単に自分の意見を変えたりしませんでした。多少きついことを言われても、めげませんでした（というか、めげていても、そういう態度を見せないように強がっていました）。

その分、長女のような優しさは足りなかったように思います。おとなしい子の気持ちをわかってあげようとしたり、そういう子の話を引き出してあげようともしませんでした。

だから、「強くなりなさい」と言われる彼女を、ちょっとだけうらやましく思うのです。

いっぽう二女は、私と似ています。元気が取り柄で、自分の気持ちに正直なのがいいところ。でも、周りの雰囲気を察知するとか、気を遣ったり言葉を選んだりするのは、ちょっと苦手です。ときどき注意することもありますが、私たち家族は、いつも彼女の発言に笑わせてもらい、その明るさに救われていることも事実です。おっとりして気を遣っている彼女は、彼女らしくないような気がします。

長女のよさも、二女のよさもわかっているのに、ついつい足りないところに目がいってしまいます。とくに、自分と正反対の長女にはイライラすることがあります。「言いたいことがあるのなら言えばいいじゃない！　どんなに心の中で思っていても、ストレスをためても、伝えなかったらわかってもらえないでしょう」と。

親は勝手だから、自分のことはさておき、子どもにいろいろなものを求めがちです。優しくて思いやりがあって、でもちゃんと自分の言いたいことを相手に伝えることができて、引くところはぐっと引いて、誰とでも仲よく……。ここまで考えて笑っちゃいました。こんなの大人だって無理。それを求められる子どももきっと大変です。

優しさと強さ、どちらも五十パーセントずつというわけにはいきません。どちらかに偏《かたよ》って成長するのはしょうがないこと。ないものを求めるのも必要だけれど、ないものばかり求めて、いいところが影をひそめてしまってはもったいないですよね。

長女が中学校のとき、「いじめ」についての講演がありました。「いじめにあったら、黙って聞いてくれる人、心に寄り添ってくれる人を探しなさい」と言われたそうです。講演の後、数人の友だちが長女に「あなたは私にとってそういう存在だよ」と言ってくれたと、うれしそうに打ち明けてくれました。

やっぱりそこが彼女らしさで、彼女のいいところ……なんだな。

# 26　いいコーチになろう！

長女が通っている塾の先生が、「コーチング」についての講演をされるとのこと。子育ての役に立つのならと、夫といっしょに出席することにしました。

「コーチング」ってご存じですか？　人を育てるための方法のひとつで、学習だけでなくスポーツやビジネスの分野でも注目されています。コーチングの指導方法で大切なことは、簡単にいうと「詰問するのではなく質問する」「怒るのではなく叱る」「愛情を持ってほめる」の三つ。

講演をお聞きしていて、「私はコーチ失格だな」と痛感しました。子どもたちの声に耳を傾ける前に、自分の言いたいことを言っちゃってましたから。

たとえばこんなとき。

長女が、塾に行く時間ギリギリに帰宅。私は子どもの言い分も聞かず、「どうして急がないの？　ちょっと遅れてもいいから、早く行きなさい！」といきなり怒り口調。私にいっぽう的に怒られて、娘は何も主張ができず機嫌が悪くなってしまう。

それがコーチングの方法を使うと、

「遅かったね。何かあったの？」

「急いで帰ってきたんだけど、そこで近所の人に話しかけられちゃって」

「そう、塾の時間が迫っているけどどうする？」

「どうしようかな？　間に合わないのなら、一時間後ろにずらして行こうと思ってるんだけど」

「じゃあ、そうしましょう」

と、お互い心穏やかに解決。子どもは、勉強にも落ち着いて取りかかれるというものです。

さらに、講演の後の実習でも、私は自分の「ダメコーチっぷり」を実感させられました。

塾の生徒たちが悪戦苦闘しているという積み木のゲームに、私たちもチャレンジ。紙に書いてある通りの形を、手もとにある積み木で作るというものです。

これがなかなかむずかしい。手間どっている大人たちに、先生が言います。「もっと早くできると思っていましたが、時間かかりますね〜。まだできませんか？」

先生がわざと言っているとわかっていても、焦ります。それに、気持ちがブルーなほうへ引きずられていくのも感じます。

そして二回目の挑戦。今度は先生の態度が前回とまったく違います。「なかなかいいですよ〜。

あ〜、できるじゃないですか。早いですね〜」

ふっと肩の力が抜け、「そうそう、私も結構できるじゃない」と、自信と明るさが自分の中に宿るのです。大人のなにげないひと言が子どもにどう響くのか、どんな説明よりもよく理解でき、実感できたひとときでした。

私はその日以来、子どもを怒りたくなったら「コーチング、コーチング」と心の中でつぶやいて、ひと呼吸おくことにしました。また、大したことではなくても「よかったね！」「え〜、すごいじゃん。それは君だからできたんだなー」と、積極的にほめることにしました。

コーチングもカウンセリングも、学んだら学んだだけ、自分の子どもへの接し方の間違いに気がつくことができます。叱り方や接し方を変えるチャンスにつながります。子どもを産んだら自然といい母親になれるわけではないから、私たちも学ぶチャンスがあれば、出かけて聞いてみて、体験してみるといいのかもしれません。

出かけるのが難しいのであれば、読書も変わるきっかけになります。今、私が読んでいる本は『お母さん、「あなたのために」と言わないで』『お母さんはしつけをしないで』（ともに長谷川博一著・草思社）。「きゃ〜、これやってきちゃった〜」「私のことだわ〜」と、冷や汗をかきながら読んでいるところです。

# 27　子育ては、だんだんラクになる？

わが家の子どもたちも、あっという間に中学生と高校生。留守にしても平気だし、たいていのことは自分でできます。小さいころに比べたら、家にいる時間もグンと少なくなり、私は、日中は自分のために時間を使えるようになりました。

「あ〜、やっぱり子どもが大きくなるとラクなんだ」と思うでしょうか？　でも実は、一概にそうとばかりは言えなくて……。

子どもが成長するにつれて、家族の食事時間は全員バラバラに。朝は部活の朝練に間に合うようにお弁当を作り、夜は習い事や部活から帰宅して入浴すると、夕食をとるのが十時になることも。子どもが小さいころは、八時九時にはいっしょにベッドに入って読み聞かせをし、子守唄を歌っていたのに……あのころの自分を「うらやましい〜」と思うこともあります。

そして、子どもが成長するということは、当然、私たち夫婦もその親たちも年を重ねるということ。

若いときには平気だった夜ふかしも早起きも、週末になると「つらい、眠い」とつぶやいている私がいます。子育ての先輩たちが教えてくれたように、塾代や進学代など、小さいころとは比べものにならないくらいお金もかかるようになりました。

子育ての大変さは、なくなるものではなく変化していくもの。最近そう感じています。

とはいえ、いちばん大変なのは、まさに今、小さい子どもを育てている真っ最中という人たちでしょう。睡眠時間も十分に取れないし、そばに頼れる人がいなければ、ちょっとした外出だってひと苦労。初めての育児ならばなおのこと、どうしていいのかわからない。「ちゃんと育てなきゃ！」と意気込んではみるものの、「これでいいのかな？」と不安でいっぱい。きょうだいそれぞれの幼稚園、学校行事、ＰＴＡ、子ども会、加えて仕事……という人もいて。体がいくつあっても足りないくらいでしょう。

私もそのころは、「この大変さ、いつまで続くんだろう……」「自分の時間がない！」。いつもそうグチっていました。でもね、今振り返ってみると、そのころの私は甘えていたかな。潔《いさぎよ》さも覚悟も足りなかった。「子どもが生まれたら幸せで、笑顔がいっぱいで、いいことばかり……」、そんなわけないのに、勝手に理想をつくり上げていたのです。

どんなことにもプラスとマイナスはあって、それは、子どもを持つことも同じ。私は自分で

〝母〟という仕事（……と言ったら大げさだと叱られるでしょうか、役割かな？）を選んだのです。ある時期、眠らずに子どもを育てることも、悩んで迷って過ごすことも、ときには泣くほどつらい思いをすることも、お母さんとしての役割の一部なんですよね。

他のママに比べて気がつくのが遅すぎたかもしれませんが、「これが母としての任務ならば、受け止めようじゃないの！」。長女に続き、二女もまた反抗期に差し掛かりつつある今になって、ようやくそう思えるようになった私です。

# お仕事
# スペース

以前はリビングで仕事をしていたのですが、家族がいたり、テレビの音がするとどうしても集中できなくて……。寝室の片隅に、私の「お仕事スペース」をつくりました。キッチンが私の居場所だった時代もあったけれど、今はパソコンの前が「私の居場所」という感じです。

ときどき眺めては癒されている、動物の置き物。自分の気持ち次第で、そのときどきで違って見えるのが面白いですよね。ケンカしているように見えたり、仲よくしているように見えたり。

# 私の元気の素

夫の両親は、いつもすごく元気なんですが、それはにんにくをたくさん食べるからじゃないかなと思ってるんです。このにんにくのオリーブオイル漬けは、夫の母に教えてもらって、常備しているもの。炒め物にこれを使うと、コクや香りが出るので助かります。

子どもたちの手が離れて、ときには友だちとゆっくりお茶をする時間もできました。昔は話題が子どものことばかりだったけれど、今は自分たちのこともおしゃべりできるのが新鮮で、楽しいんです。

撮影協力／RISTORANTE To the Door

昔から緊張するたちの私にとって、この二つはなくてはならないお守りです。ペンダントは、大切なお友だちにもらったもの。時計は、夫からの結婚記念日のプレゼント。以前は時計はしていなかったのですが、最近は仕事で必要なことが多くなりました。

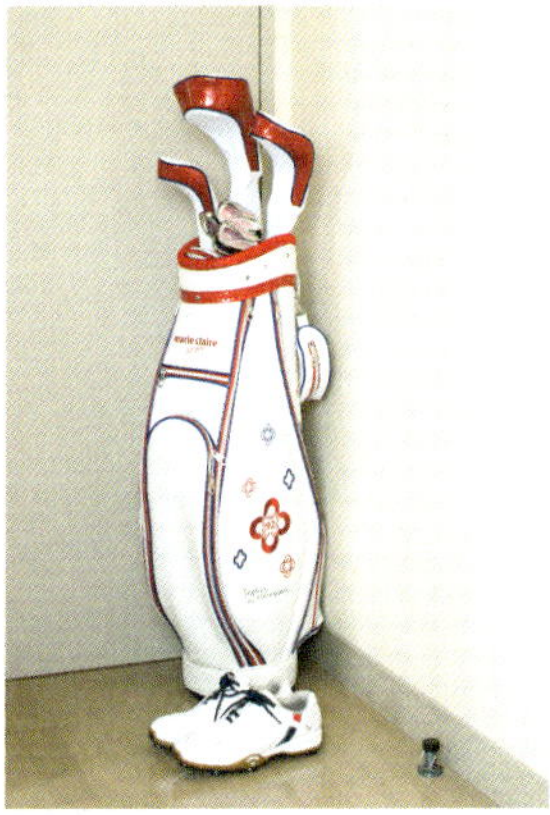

以前は夫だけの楽しみだったゴルフですが、「老後に二人で楽しむ趣味が欲しい」ということで、私も始めることにしました。コーチ（夫）が口うるさいのが難点ですが、下手なのでしょうがないですね。

# きれいでいるために

両頬のシミが気になって、皮膚科に行ったら、「これはシミではなくかんぱんですね」と言われました。飲み薬のおかげで、だいぶキレイになってきましたが、年齢とともに、あちこちにメンテナンスは必要ですね。

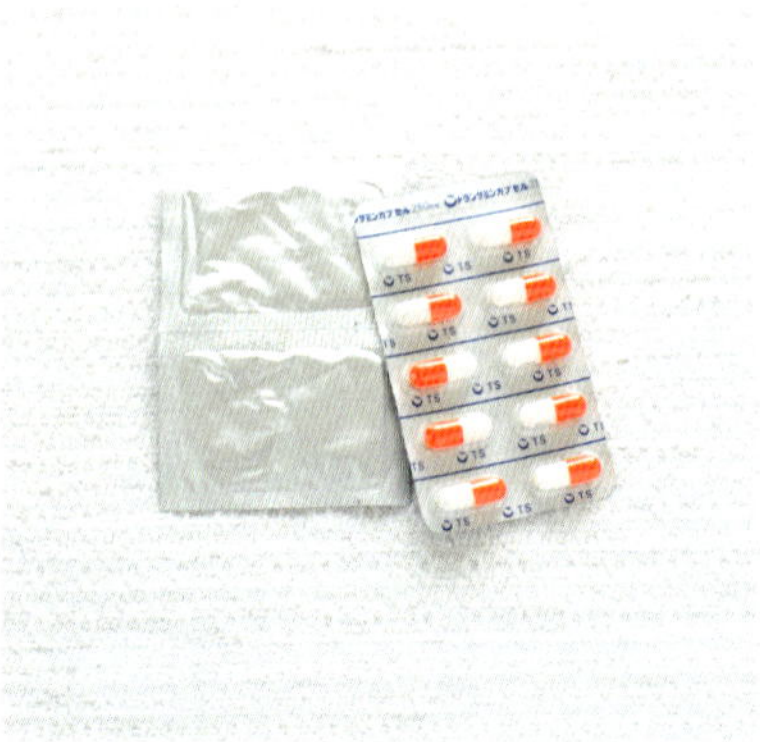

この二つの美容液も、皮膚科でもらっているもの。朝、夜、化粧水の後につけています。おかげで肌のトラブルはありません。

実家の美容院を継いで、女川で五十年近く美容師をしていた母。震災でお店はなくなってしまったけれど、今ではわが家の専属美容師として活躍中です。そんなときの表情はイキイキしていて、やっぱり仕事が好きなんだな～と思います。

このメイク落としは、一本で汚れもメイクも落とせるすぐれもの。ダブル洗顔が必要ないし、使い心地もいいので気に入っています。

テラクオーレ ダマスクローズ クレンジングミルク／イデアインターナショナル ☎03・5446・9514

# 旅の思い出に

今年、目黒川にお花見に行ったときに見つけたイタリア雑貨のお店で、深い赤色にひと目ぼれしたカップ&ソーサー。カップだけで使うことも多く、日本酒を飲んだり、もずくを盛ったり、これに入れるとなんでもサマになるんです。

五年前に家族で初めて沖縄旅行したときのお土産です。小さな杯は、たぶん、泡盛用のお猪口だと思うのですが、私はわさびやしょうがを入れるのに使っています。

以前千鳥ヶ淵にお花見に行ったとき、母に買ってあげた片口の器。ほうれんそうのおひたしとか、ちょっとしたおかずを盛るのにちょうどいい大きさで、すごく出番が多いのです。

子どもたちが小さいころ、家族でよく那須に行ってキャンプをしました。那須に行くといつも寄る、スコーンがおいしいカフェがあって、そこで買ったマグカップです。これを見ると、楽しかったことをいろいろ思い出します。

# 一日のおわりに

読書が大好きな私。本屋さんに行く時間がないことも多いので、最近はiBooksで本を購入してiPadで読むこともあります。これだと夜、電気スタンドをつける必要がないのもいいところ。

ふとしたときに気持ちを和らげてくれる「香り」は、私の暮らしに欠かせません。好きな香りはさっぱりした柑橘系や、ベルガモット。

小豆が入っているアイマスク。レンジで温めて、目にのせると気持ちよく眠りに入れるのです。胸の上にのせるのも気持ちいいんです。

あずきのチカラ／桐灰化学
☎06・6392・0333

# 28　ついに来た！　反抗期

「子どもが反抗期になったみたいなんですけど、どう対処したらいいでしょう？」「反抗的な態度にビックリしてしまって……」「このまま大人になってしまったらと思うと、怖いんです」。第二次反抗期を迎えたお子さんに戸惑う、こんなお母さんたちの悩みを、講演会やお茶会、友人たちとの会話の中で耳にすることがあります。

わかるわ〜。私も長女の反抗期には、戸惑い、悩んだ母親のひとりです。とにかく朝から不機嫌だし、すべてにおいて反応が薄い。親の言うことより、友だちの言うことが絶対！　という感じで……。「昨日までの、素直でかわいげのある娘はどこへいってしまったのだろう？」と悲観したり、子どもの中身がすっかり変わってしまったような感覚に襲われたことも。

自分なりに答えを探そうと、本を読んだりすると、「子育て方法が間違っていたのでは？　甘やかしすぎ？　厳しすぎ？」と自分の子育てを否定するような内容ばかりが目に入ります。私にとって初めての経験だったし、先が見えないので、「この先、どうなっちゃうんだろう……」とひどく不安になったりもしました。

それから早《はや》四年。わが家はこれから……いや、もうすでに二女が反抗期の入り口。祖母に何か提案されると、これまでなら「は～い」と言っていたのに、「私に指示しないで！」と言ってみたり、一度は必ず断ってみたり。「冷たっ！」って感じです。

でも、長女のときに比べたら、私には少しだけ余裕があります。叱りすぎ、説教しすぎをやめ、見守ることを覚えましたから。今になって、長女のときにあんなに戸惑った理由を考えてみると（恥ずかしながら）、原因は子どもにあったのではなく、私にあったんだと気がつきます。子どもの成長を認められず、いつまでも自分の言うことをきく子どもでいてほしかったのでしょう。

二～三歳のイヤイヤ期も、第二次反抗期も、たいていどの子にもあるということは、人にとって必要だからあるんですよね。それなのに私ったら、「上手に育てれば、反抗期はないもの」と思っていたみたいで……そんなわけないのに（笑）。

今の私は、親にとって憂鬱な〝反抗期〟とやらを、いい言葉に変えて受け止めようと思っています。イヤイヤ期は〝自分でやりたい期〟。なんでもママの手を借りなければできなかった日常生活を、「これからのためにも、自分でやりたいんだよ！」「やらせてよ～」と頑張っている時期。第二次反抗期は、〝自立期〟。これまではお母さんをはじめ周囲の人の意見を聞いたり手を借りて、いろいろやってきたけれど、自分で考え、判断し、チャレンジしてみたい時期。とは言っても、まだまだ子どもの部分もあるから、失敗することもあるし、甘えた〜いってときもある。そんな僕や私を見守っていてねという時期。

どちらも、親にとっては喜ぶべき時期なんだと、受けとめ方を変えてみたのです。

だんだん口答えが上手になっていく二女に、「もう！」と思うことは、正直何度もあります。でも、口答えの中にも成長が見える。「その言い方では傷つく人もいると思うよ」と注意はするけれど、あとで夫と、「あんな言葉も知っているんだね」「前より、自分の意見をわかりやすく説明できるようになってるね」と喜んだりもして。

もし、このまま大人になったら……いやいや、そんな心配は必要ないと思う。私たちも、小、中学生のときのままなんてことはないもの。反抗期が過ぎた長女と同級生たちに、再び笑顔と挨拶が多くなっていく様子を見て、しみじみ思いました。大人になったな〜って。

# 29

## よその家庭を知ること

ときどき、娘たちの友人が泊まりに来ることがあります。中学生も高校生も「おじゃまします」「こんにちは」と礼儀正しいこと。よく笑う、人の話にも耳を傾けることができる、本当にかわいい子たちです。練習試合に向かうために、朝四時台に家を出ていくときにも、二階で寝ている夫や私に向かって「ありがとうございましたー」と挨拶するのには笑っちゃいますが……。

ときどき盛り上がりすぎて、「みんな寝ているから少し静かにね」とか、「ハイ！　もう寝る〜」なんて、私に注意されることも。私たち家族と食事をともにすることもあります。もしかしたら、「あれ？　うちと違う」と思うこと、「うちの親ならそんなことは言わない、これは嫌だな」と思うこともも、あるかもしれません。

私がいつも言っているのは、娘たちも、『訪れた家のルールを優先しましょう』ということ。家によって、親の考え方、育て方、家庭の事情はそれぞれ。自分から見たら「どうかな？」と思うことでも、どのやり方が合っていて、どれが間違っているとは一概に言えないと思うのです。

わが家の子どもたちも、お友だちの両親といっしょに出かけたり、お泊まりさせてもらうことがあります。そんなとき私は、お世話になるママに「悪いことをしたら、お子さんと同じように叱ってね」とお願いします。

私自身も小さいころは、自営業で家がいつも忙しかったので、近所や友だちの家、親戚の家で過ごすことがよくありました。中でも数軒先の家には、兄といっしょにどちらが自分の家かわからないほどに入り浸り、本当の子どものように受け入れてもらいました。

その家のおじさんは、片足がなく義足をつけていました。小さかった私は、いっしょにお風呂に入ったり、おじさんのこぐ自転車の後ろにもよく乗せてもらいました。いつもは優しいけれど、怒るときは、気の強い私もシュンとしてしまうほど威厳《いげん》のあるお父さんでした。

その家のおばさんは、裁縫が大得意。ジーパンをカットして、私の大好きな「キキララ」の刺繍をしたポシェットを作ってくれました。こういうものを作れるお母さんになりたいな～と思ったのを覚えています。

風邪をひいたときには、おばの家に預かってもらいました。家の中はいつもきちんと整頓され、料理の盛り付けひとつとっても、本当にキレイでした。一度、母が作ったお弁当をおばが詰め直したら、同じ材料なのに驚くほど見た目のいいお弁当になったことがあります。「こんなに違ったものになる？」と言って、母と笑ったものです。

友人の家族と海に行ったこともあります。そこの家の両親は、車の中でよくケンカをするのですが、本当は仲がいい。言いたいことを言い合えるあの夫婦は、今でも私の理想です。

うちの娘たちも、祖父母の家や、お友だちの家に預かってもらうたびに、自分の家と比べて「うちとは違う」と思っていることでしょう。でもその違いの一つひとつがいい経験になるし、いろいろな人、家族、考えがあることを知ることで、その子の選択肢や、ものの見方が広がるはず。そしていつかきっと、自分がいいと思うやり方を、自分に合っていると思う状態を、選んでいくんだろうなと思うのです。

# 第3章

# 妻が幸せになる方法

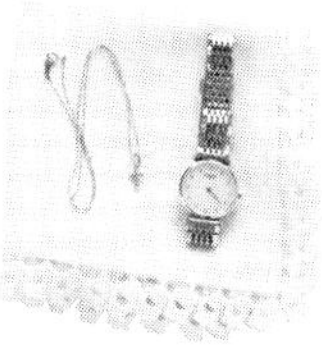

## 30　夫婦の危機⁉

縁あって夫婦になった二人。「いつも仲よく、いつまでも寄り添って」が理想でしょう。でも、たいていはどこの夫婦にも、一度や二度は〝危機〟ってありますよね。ブログに「若松さん夫婦が理想です」なんてコメントをいただくたびに、「ありがとうございます。でも、新婚のころはうちもいろいろありました……」と思っています。

今でこそケンカをしても、「ごめんね」ですむし、子どもたちも「パパとママはラブラブだもんね～」なんて言ってくれるくらい仲がいい私たち。でもここにたどり着くまでには、お金のこと、子どものこと、性格の違いなどなどケンカを繰り返してきました。

お互い、そのときには意地があるので「フン！」なんて態度もとるけれど、相手の的を射た言葉や指摘って、結構心に残るものです。「そんなことないよ！」と言いつつ、心の中でちょっと反省。またケンカして少し反省。そんなことを積み重ねてきました。

以前の私は、「自分は間違っていない」と思っていたから、相手を責めてばかり。今なら心の中はどうあれ、言い方くらいは「お願い」にするとか、半分は「まぁいいか」ですますとか、妥協案《だきょう》を探せるのに、あのころはなかったなぁ、そんな考え。

顔を見れば文句を言い、そのうえ夫がちょっとでも自分の言い分を主張しようものなら、その何倍にもしてお返ししたりして、夫も毎日苦痛だったと思います。私も、「どうしてわかってくれないの？」という思いと、どうしたらいいのかわからないのとで、ヘトヘトでした。これじゃあ、うまくいくわけがありません。

ケンカが高じて、一度だけ、「プチ家出」をしたこともあります。「もういい！」と荷物をまとめて家を出たものの、行く所なんてありません。近くのファミレスで時間をつぶした末、結局は探しに来た夫に連れられて帰宅……。

ある日、派手なケンカの果てに、一度だけ夫の手が私の頬を打ちました。ふだんは本当に穏やかな夫でしたから、ただただショック。でも冷静になって考えたら、私が悪かった。私の言葉の攻撃から逃れようと、別の部屋に移動した夫をさらに追いかけて、同じことを何度も言い募《つの》りました。そしてついには、夫の男としてのプライドを傷つけるような言葉も口にしてしまったのです。

あれは、最後の最後に出した、夫からの「もうやめてくれ！」ってサインだったのでしょう、きっと。

今思えば私は、自分の理想とする家庭をつくりたいばかりに、彼に「完璧な夫」像を求めていたのです。そして、そこに当てはまらない夫に文句をぶつけていました。

休日は朝早く起きて、買い物や子育てを手伝ってくれる夫。

家では愚痴を言わない夫。

お金の遣い方を考え、お小遣いの中でやりくりする夫。

私を優しく大きく受け止めてくれる夫、などなど……。

いったい自分がどれだけ完璧な人間だと思っていたのかと思うと、恥ずかしくなります。相手に要求するばかりで、「で、自分は？」とはまったく考えませんでした。

今は私も少し大人になったので、夫が「言われたくないこと」がわかるようになりました。会話している途中でも、夫の表情が曇るのに気づいたら、頭の中の赤いランプが点滅します。「言いすぎ注意報発令中！」って。

でもこうして振り返ってみると、バリバリケンカをしていたころも、なんだか懐かしいです……。そう思っているのは私だけかな？

# 34　私の気持ち、わかったでしょ？

講座や仕事の打ち合わせなどで、少しずつ外に出るようになってから、夫の気持ちがわかるな〜と思うことが、増えました。

逆に言えば、今まで、どれだけわかっていなかったか、ということなんですけれど。

朝、バタバタと家事をこなし、混雑した電車に乗り込みます。

仕事中はずっと緊張しっ放しで、気を遣います。大切なスタッフの人たちをがっかりさせたくないという思いが、私の中にあるのだと思います。

夕方、ようやくわが家に帰ってきたときの安心感といったらありません。やるべきことはたくさんあるけれど、「ちょっとだけ……」と、ソファにゴロン。

ホーッとした瞬間、思うのです。私がこうしている間も、夫はまだまだ仕事をこなしているんだ。もちろん、こんなふうに〝ゴロン〟とできるひとときもなく。しかもそれが一週間続くんだから、「休みの日くらいゆっくり寝かせて」という気持ちもわかるな〜、と。

「ときどき、サーフィンに行く車の中とか、波待ちしている海の上で、ひとりになるとホッとする」

以前、彼が言っていました。そのときは「私たち家族は、邪魔ってこと？」なんて、ちょっとムッとしていましたが、今はわかる気がします。

私が、毎朝夫や子どもたちを送り出して、ホッとするときのように、子どもを寝かせて、ひと息つくときのように、夫だって、ひとりの時間が欲しいのです。

その立場になって初めてわかることって、たくさんあるんだなぁ～と、最近になってようやく実感しています。

先日、こんなことがありました。

仲よしのママたちと飲みに行き、夜遅く帰ってきた私に、「遅くなるなら遅くなるって、電話の一本も入れてよ。そしたら、先に寝るから」と、夫。

「ごめんごめん」と謝りつつ、意地悪な質問（私、性格悪いかも？）。

「遅くなるときには、早めに電話を入れてっていう私の気持ち、わかったでしょ？」

すると今度は夫が、「君も、飲み始めるとあっという間に時間が過ぎて、電話するタイミングを失ってしまう、オレの気持ちがわかったでしょ？」

「うん、ま、まぁね」と、二人でニヤニヤ。

夫が気合を入れて、パスタを作ってくれた日。「できたよ〜」と言われて、「今ちょっと手が離せないから、先に食べてて」と、私が用事をこなしていると、夫が言います。

「できたてがおいしいんだから、とにかく座ってよ！」

そこで、またまた意地の悪い質問。

「いつも、おみそ汁が温かいうちに座ってって言う私の気持ち、わかったでしょ？」

「その気持ちがわかるなら、さっさと座るの！」

そ、そうだね。今回は、私が悪かったわ。

## 32　妻に優しい夫って、気持ち悪い？

夫が、いつもと変わらない時間の帰宅。

「あれ、今日飲み会じゃなかったっけ？」と言う私の問いに、「うん、飲んできたよ。今日は、とても楽しい飲み会だった。珍しいことに、集まった四人全員が愛妻家でね」「え、あなた愛妻家だったの？」と聞いて、逆に、「あれ？　違った？」と夫に聞き返されてしまいました。

男性同士のお酒の席では、「うちのヤツなんて、ダメですよ」というふうに、妻のことをけなす人はいても、ほめる人はあまりいないもの。でも、その日は違っていて、奥さんや子どもたちの楽しい話が、自然にできたのだそうです。最後には、「家で待っている人がいるんだから、二次会はなしにして帰ろう」と、早めにお開きになったのだとか。そんなこともあるんだ〜と、なんだか温かい気持ちになりました。

日本の男性って、妻をほめたり、妻への感謝の気持ちを言葉にするのが苦手ですよね。「妻を大切にしている」という態度を見せないことが、男らしさだと思っている人もいるのではないでしょうか。

たとえば、急な飲み会のときに家に連絡したり、毎日「帰るコール」をするうちの夫に、「気持ち悪いな～、いちいち奥さんに連絡して」などと言う人もいるのだとか。それはきっと、「妻への愛情をあからさまにして、かっこ悪い」ということなのかもしれません。

でも、そうかな～？

早めに飲み会だという連絡が入れば、「夫のご飯の準備」という仕事がひとつ減り、妻はほかのことができます。食材をムダにせずにすみ、家計も助かります。すでに食事を作ってしまった場合でも、「今日はごめんね」のひと言があれば、まあいいかと思えるものです。

飲み会の連絡や「帰るコール」は、愛情というよりも、「人としての思いやり」ではないでしょうか。

最近では、熟年離婚が増えていると聞きます。

テレビのインタビューで、「別れたい理由は？」と聞かれた妻たちの答えはというと……。

「私が風邪をひいて寝ているのに、朝ごはんはまだか！　と言ったんですよ」

「産後で体調が悪いのに、出張の用意ができていないと怒鳴られたのが、忘れられません」

「それって、いつの話？」「たったそれだけのことで？」と、男性は思うかもしれません。でも、

〝夫婦は一日にして成らず〟。思いやりのない夫の言葉や態度が、彼女たちの心の中に積み重なっていったのではないでしょうか。

たとえたくさんケンカをしても、どこかで、〝大切にされた〟という思いがあれば、自然と自分も相手も大切にしようと思えるもの。

それは、他人でもまた同じです。

以前、夫の上司だった方は、家族の誕生日には、必ず早く帰るよう夫に勧めてくれました。私は、その気遣いがとにかくうれしくて、「夫がその上司に誘われて飲みに行ったり、仕事で遅くなっても、文句は言うまい」と決心したものです。

どんな形であれ、大切にされて嫌な思いをする人なんていないはず。妻である私も、夫へのほんのちょっとの思いやりを、忘れないようにしなくっちゃ！

# 33　夫と子どもをつなぐ存在

「いい加減、やめてくれない？」。夫の声が響きました。

子どもたちが小学生だったころのことです。その日の私は、遅く帰宅した夫をつかまえて、「あの子ったら、こんなことを言うのよ！　ひどいでしょ」「今日はこんなことしたんだよ。信じられる？」と、子どものグチをまくしたてていたのです。

ふだん穏やかな夫が、珍しくきつい口調で言ったのだから、よほど嫌だったのでしょう。「せっかく帰ってきたのに、ブルーな話ばかりで楽しくないし、今日もまたそういう話を聞かされるのかと思うと、帰宅するのが憂鬱になるよ」。

私はびっくりしました。そんなにブルーな話ばかり続けていたかな？　と。自分では、今日のできごとを報告しているくらいのつもりだったのです。でも考えてみたら、夫の言う通り……。私は知らず知らずのうちに、夫に自分のストレス発散をしていたのでしょう。

子どもが小さいころは、夫が帰って来るまで一日中大人と会話ができないときもありました。私にとっては、夫に話すと楽になって、新しい気持ちで明日に向かえる、という感じで、深く考えていなかったのです。

でも、それを毎日のように聞かされる夫は大変です。しかも私の話はネガティブなことが多く、子どもたちの悪いところやできないことを、一生懸命夫に刷り込んでいたのです。

当然夫は、「妻が自分に助けを求めている」と感じるし、子どものダメなところは直そうと思うので、子どもたちに会ったときには「ママに聞いたんだけどさ……」と、子どもたちを注意します。でもそれが続くと、子どもたちにとって父親は、「自分を叱る人」「嫌な雰囲気を運んでくる人」になってしまうんです。これって、子どもにとっても父親にとっても、悲しいことですよね～。平日はほとんど会えなくて、やっと会えたと思ったら叱られちゃうんだから。

それに気付いた私は反省し、夫にはなるべく楽しかったことや、子どもたちのいいところを伝えるようにしました。それを聞く夫も楽しそうだし、何よりも、夫が子どもたちに「昨日はママのお手伝いをしてくれたんだって？　ありがとうね」とか、「プールのテスト合格、おめでとう！」と、ほめる言葉をかけて、楽しい話で盛り上がる機会が増えたように感じます。

とはいえ、夫と子どもたちが楽しそうに過ごす様子を見て、お父さんはおいしい役ばっかり、私は損な役回りよね……なんて思ったこともありましたけれど。

振り返ってみると、すべては夫と子どものためだと思っていたけれど、本当は私のためだったんだなと今はわかります。ネガティブなことを話していると、話した瞬間はちょっとスッキリするけれど、だんだんブルーな気持ちになるし、後で、叱っている夫や叱られている娘たちを見て、言わなきゃよかった……と後悔することも。

やっぱり私自身が、穏やかな家庭の中にいた方が楽しい。そして、「今日は夫にどんないいことを報告しよう?」と思うから、子どものいいところに目が向いて、いつのまにやら〝いいこと探し〟が上手になっている自分にも気がつきました。

なかなかお互いの様子が見えない夫と子どもたちだからこそ、それをつなぐ母の存在は大きいのかもしれません。

子どもたちのいいところ、頑張る姿と同じくらい、夫の頑張りや大変さも子どもに伝えなきゃ!子どもたちの見えないところで、お父さんも頑張っているんだもんね。

## 34

# パパにお願い！

私の夫は毎朝早く出かけて、深夜まで帰ってきません。子どもたちと過ごす時間は、平日の朝の数十分と、週末だけ。休日に用事ができると、ゆっくりいっしょに過ごせるのは週一日だけということもあります。

たとえ会う時間が少なくても、夫と子どもたちには、お互いを近くに感じてほしい。だから（……と言うとカッコいいけれど、それだけではなく、私の子育ての負担を軽くするためにも）、子どもが小さいときは、夫にいくつかお願いをしていました。

ひとつ目は、毎晩寝る前に必ず子ども部屋へ行って、娘たちの顔を見てもらうこと。

冷却シートをおでこに貼っているのを見れば、「風邪をひいた？」と気づきますし、面白い寝顔を見たら、「昨日の寝顔はひどかったぞ〜」と、翌朝子どもとの会話が盛り上がります。ヘンな寝言やうなされている声を聞いた日は、「今日何かあった？」ときいてくることも。私も、子どもたちのことを話すきっかけをもらえるというわけです。

二つ目は、長女が学校に毎週提出する日記を読み、コメントをつけてもらうこと。

以前の夫は子どもたちが何組か、担任の先生がだれか、もちろんお友だちの名前も、まったくといっていいほど知りませんでした。私が、夫の会社の同僚たちの名前をすぐには覚えられないのと同じで、夫も私の話をちょっと聞いたくらいではなかなか覚えられなかったのでしょう。

あるとき二女の「パパってなんにも知らないんだね〜」という言葉を聞いて、「このままじゃダメだ」と思いました。もし私に何かあったときに、夫が学校のことをなんにもわかっていないと困りますし、何より子どもたちに、「パパは自分に興味がないんだな」と思ってほしくない。

彼女たちが今どんなことを考えているのか、一週間学校で何をしているのか、夫にも知ってほしい。そのきっかけとして、まずは長女の日記を読んで、コメントしてもらうことにしたのです。

別な面でもいいことがありました。長女は宿題を早く終わらせたくて、日記の字が汚くなっていました。私が何度注意をしても、直りません。それに気がついた夫が、珍しくきつく注意すると……以前よりずっとキレイに書くようになりました。

そして三つ目、クラスの先生が出してくれる「学級だより」を、夫にも読んでもらうこと。

とはいえ家にいる時間が短い夫には、なかなかゆっくり目を通す時間はありません。だから、朝、夫が出かけるときに「電車の中でも、ひとりで昼食を食べるときでもいいから、目を通してね」と言って渡すようにしました。

「学級だより」には、自分の子どもだけではなく、ほかの子が書いた日記なども載っています。「みんな文章力があるねー、びっくりしたよ」と夫が言うと、子どもたちも「あの○○ちゃんて、すっごく面白い子なんだよ」「○○君は、歴史が得意なの」などと、話がはずんでいました。父親参観日や運動会でも、夫は「あ、あの子がこの間話してた子？」とか、「この子と仲がいいんだよね」というふうにわかるので、以前よりずっと楽しんでいるようでした。

子どもたちが高校生、中学生になった今、私から夫に、面白ネタ以外で彼女たちのことを事細かに話すことは、少なくなりました。いっぽう夫は、時間が合えば、学校行事だけではなく、部活の試合を見にいくこともあります。娘たちの友人が来ると、パスタやパフェをつくってごちそうしたりして、そこまでしてくれちゃいますか……って感じです（笑）。

おかげで、思春期になってからも父親とギクシャクすることがなく、私のほうが「予想外……」と驚いています。

# 35　夫のいいところを見つけよう

好きで結婚した夫。でも、結婚年数を重ねていくと、「あれれ？　これってどうなの？」と思うところや、「なんだか合わないなー」と思うところも。きっと、夫も同じでしょうけれど。

夫の苦手なところ、その一。「ギリギリになるまで物事を始めない」

先日も、こんなことがありました。

夫の祖父のお墓参りに行く前日の夜。新しくつくったお墓だったので、場所を聞いておくと言っていた夫。私が「場所は聞いたの？」と言うと「あ〜、聞いてない」。それでも動く気配がないので、「聞いたほうがいいんじゃない？」「うん」と、ようやく始動。

私は常に「もしも」を考えるほうなので、「当日になってもし義理の両親と連絡が取れなかったら、この人はどうするつもりだったんだろう？」とイライラ……。

苦手なところ、その二。「大ざっぱ」

墓地に着いて、「お墓はどこにあるか、知ってる？」「うん、だいたい真ん中あたりだって」。

さすがにこの発言には子どもたちも「へッ？」。真ん中っていったって、これだけたくさんある中からどうやって探すの？　と、思わずため息をついてしまいました。いつだって、「なんとかなるさ！」なんだから。

でも、あるとき知人から、こう言われてハッとしました。

「結婚するときに好きになった理由が、離婚するときの理由になることって、結構あるらしいよ」と。

「引っ張っていってくれる、男らしいところが好き」だったのが、いつの間にか「私の意見も聞かず、いつも自分中心なんだから！」になり、「なんでも私の希望を優先してくれる優しい人なの」だったのが「まったく、優柔不断なんだから。自分の意見ってないの？」になったり……。

私も同じです。今、嫌だなーと思っていることが、結婚したときは、「冷静沈着だな」「落ち着いている人だな」というふうに、彼の長所として映っていたのです。

そしてよ～く考えると、私は、今まで何度もこの〝のんびりぐあい〟と、〝大ざっぱな性格〟に助けられてきた気がするのです。

私が焦っているときは、「イライラしても、物事が進むスピードは変わらないよ。逆に失敗したり、忘れ物をしたりするだけ。まずは落ち着いて、ひとつずつこなそう」と、家族の気持ちにブレーキをかけ、落ち着かせてくれます。

私が子どものことをすごい勢いで叱っているときには、「まあまあ」と間に入って、子どもも部屋やお風呂の中で、子どもたちに私の気持ちを伝えてくれたりもします。

また、細かいことは気にしない性格のおかげで、夕飯は手抜きだ〜というときも、「いやいや、これだけあれば充分だよ」。「部屋が散らかっててごめんね」と言っても、「こんなもんでしょ。明日やればいいよ」とお構いなし。

結局、夫のいいところと嫌なところって、こちらの考え方しだいで、どちらにもなり得るのかもしれません。

お墓参りのあとの夫。

「いや〜、オレもね。気がついてはいるんだよ。前日になって場所を聞いていなかったことや、お墓の場所も適当に聞いてたことに、君がイライラしているのは」。「それで?」と言うと、「でも君は前みたいにキレなくなったなーと思って」。

……次は前もってやろうかなとか、気をつけよう、じゃないんだ。そういうところが、またちょっと腹が立つところでもあり、だからこそ、細かいことを気にする私との相性はピッタリなのかも、と思うところでもあります。

# 36 夫に任せてみよう

「うちは、私がいないと回らないのよ〜」。こんな言葉を聞いたら、どう思いますか？「主婦として母として必要とされていて、いいな」と感じる人もいるかもしれません。でも、考え方によってはすごく困った状態かも。だって、もしその〝私〟が体調を崩したって、誰も家事はしてくれないし、外に出て働きたいと思ってもままならないということです。

そういうわが家も、長女が生まれたころは「私がいないとダメ」な家庭でした。家事も育児も、夫には任せられなかったのです。今思えば、夫が悪かったわけではなくて、彼が何かをするチャンスを、私が奪っていただけのような気もします。つまり、〝何もしてくれない〟のではなくて、〝何もさせなかった〟……。

自分がすべてを切り盛りすることで、この家庭に存在する意味を持とうとしていたのかもしれません。

たとえば、「ちょっとは家の中のこと手伝ってよ」。そう言ったのは自分なのに、夫がせっかくかけ始めた掃除機を、「四角い部屋を丸く掃除しないで」と奪い返す。夫が干した洗濯物は、干し直す。子どもの寝かしつけに時間がかかるのを見て、「私がやるわ」と交替。夫が「あとでやるから」ということを、待てない……。これ、ぜ〜んぶ私がやってきたことなんです。

夫だって嫌ですよね。何もしなくても文句を言われ、手伝っても文句を言われるんだから。サーフィンやゴルフに行って楽しんだほうが、ずーっとマシってものです。

そんな私が少しずつ変化し始めたのは、仕事が忙しくなり始めてからです。最初は、学校や子ども会の役員も、すべてひとりでこなそうとしてみましたが、どうにも手が回らない。そのうち、家の隅々に目立つようになったホコリを、夫が気にし始めました。

「時間がないの。ごめんね。掃除お願いしていい？」と私。「ついでに、あれも、これも」と少しずつ家事を任せることに……。

初めは「え〜」と言っていた夫ですが、しだいに「しょうがない、やる人がいないんだからオレがやるか」に変わっていきました。

夫が手伝ってくれたら、多少自分のやり方と違っても「ありがとう、きれいになったね」と感謝の気持ちを表すことにしました。そんな積み重ねで、ずいぶん「私がいなくてもなんとかなる家」に近づいてきた気がします。

「うちの夫はまったく何もやろうとしないんです……」と嘆く人は、ほかの家庭の話をしてみてはどうでしょう？　男の人は、職場で家庭の話は案外しないもの。だから、「自分は普通」「よくやっているほうだ」と思っているかもしれませんよ。

ただし、「Aさんのご主人はこうなんだって」という話のあとに、「だからあなたもやってよ」なんて付け加えるのはバツ。主語を自分か子どもにして、「そんなふうにしてくれたら、私、うれしいな」「子どもにも、いいお手本になるかもね」というふうに、お願いしてみましょう。

きっかけも大切です。まずは、いっしょにやろうと誘ってみる。二人で子どもを寝かしつけて、「パパといっしょだとうれしそうだね」。たとえ、豆腐を切ってくれただけでも「パパが作ってくれたお味噌汁だよ」……。頼りにされて、感謝されて、うれしくない人なんていませんよね。

最近では、私がいないことに慣れっこなわが家。家事も、夫がいればなんとかなりそうではあるけれど、「うちはやっぱり私がいないと、太陽のない空みたいだよな〜」と、勝手に思っている私です。

## 37　厳しい夫の意見

私の夫は、私に厳しい人です。相談ごとをしたり、自分の悩みや考えを伝えたりすると、「そうかな？　その考え甘くない？」とか、「オレは、君の言っていることより、相手の言ったことの方が正しいと思うけど」とか、意見されることも多いのです。

あるとき私は、少々キレ気味に言いました。

「私はね、そういう批判が欲しいんじゃないの。『そうだよね』って言ってほしくて話してるのよ。あなたにだけは、私の味方でいてほしいのに」

すると、夫は言いました。

「じゃあ、おかしいと思いながら『そうだね』って言ったほうがいいの？　君が外で恥かいたり困ったりするだろうって、わかっているのに」

それから半年近く経ってからのこと。今度は私が、夫の話に同意できないでいると、ちょっとムッとした夫が、言いにくそうにつぶやきました。

「いけないと思うけど、僕が話すときには、期待している答えがすでにあるんだ。だからその通りに返ってこないと腹が立つんだよ。でもそれって、君を無視してるよな。君には君の考えがあるんだから」

私は「あのときと逆だ～」と、ちょっとおかしくなりました。

「前に、私に言ったことを覚えてる？」と聞いてみたら、彼は〝そんなこと言ったかな？〟という表情。私には彼の気持ちが、彼には私の気持ちがわかった瞬間でした。

私が彼に意見するときは、「こんなことを言えるのは、彼の両親と私くらいのものよね。だからこそ、嫌がっても、少々きつくても、言ったほうがいいのかな」そう思っていました。夫にしてみれば、自分のほうが、社会で働いた経験も、付き合ってきた人の数も私よりずっと多いから、自分が教えてあげられることは教えてあげようという気持ちだったのでしょう。お互い相手のことを思ってのことだったのだと、納得できました。

本当に自分がダメなことや悪いことは、本人がいちばんよくわかっている。だから、まずは「そうだよね」と、受けとめてあげることが大切だったのね、と反省。とはいえ、厳しく言われると「相変わらず言うわ～。もう少しだけ優しい言葉を……」と思ってしまうのです。正直な意見も、自分とは違う意見も貴重だから、聞く耳と受け入れる心を持たなくちゃね。

## 38　不平不満は小さいうちに

「妻が離婚を切り出すまで、夫は妻の不平不満に気がつかないということが、よくあります」

テレビで、ある離婚カウンセラーの方が、そう言っていました。離婚を切り出された夫にとっては、青天のへきれき。突然のことに何がなんだかわからず、戸惑うんだとか。いっぽう妻のほうは、階段を下りてくる夫の大きな足音も、食事をするときの小さな癖すらも嫌になっている。そのときにはもう、その人自身を嫌だなと感じるところまできてしまっているというんです。

その気持ち、少しわかるな〜と思います。夫は、「どうしてもっと早く、ちゃんと言ってくれなかったんだ」と思うかもしれませんね。でも妻にしてみれば、「何度もサインは送ったのに、あなたは気がつこうとしなかったじゃない！」という感じなのでしょう。実際、カウンセラーの方がそんな妻たちに話を聞くと、ガチャガチャと大きな音を立てて皿を洗ったり、扉を勢いよく閉めたりして、「私は怒っているのよ」と伝えていたんだとか。私も、前は同じような行動で、夫に「怒りサイン」を送っていた覚えがあります。わが夫の場合もまた、それには全く気づいていなくて……。

あるとき、夫に「私が不機嫌な態度を取ったときにはどう思っているの？」と聞いたことがあります。「今日は生理かな、それとも疲れているのかな？　と思うよ」と夫。皿を洗う音や扉を勢いよく閉める音には「乱暴だな」と思うと。遠回しな表現では、結局何も伝わらないんですね。

最近私は、夫や子ども、母に対して、嫌だなと思うことがあったり、変えてほしいと思ったとき、以前よりも気をつけていることがあります。それは、「つまらないこと」と決めつけず、相手にちゃんと伝えることです。

以前の私は、自分が言いたいことを飲み込めさえすれば、トラブルは避けられると思っていました。でも、それはちょっと違うと気づいたのです。飲み込んで、そのまま何もなかったことにできればいいけれど、私には難しい。ぐっとこらえたり、胸の中にしまっておくことが続くと、嫌だなという気持ちや言いたいことが、気持ちの中に溜まって、膨らんで、ふとしたことがきっかけで、ある日一気に爆発！　相手に不満をまとめてぶつけ、大ゲンカになったり、超不機嫌になったり……いいことなしなんです。

それに、言えないことをため込んでいると、夫に腹が立っているはずなのに、子どもたちに怒りの矛先が向いて「早く片づけなさい」、「さっきも言ったでしょ！」と、つまらないことで声を荒らげたり、ストレスをぶつけることに……。

だから、小さい不平不満は小さいうちに小出しにするように、心がけているのです。そして相手に伝えるときには、「あのときもそうだった」などと他の話をあれこれ持ち出したり、「ずっと思ってたの」なんて、ネチネチした感じにならないように、そのことだけに限定して「私はこうしてほしい」「それは嫌だな」と伝えるようにしています。

「でも、伝えたせいで相手が不機嫌になったり、怒ってしまったらどうするの？」と思う人もいるでしょうね。もちろん、そうなってしまうこともあります。私は、そんなときはこう思うことにしています。

「期待通りの反応じゃなくても、私と同じ考えじゃなくても仕方がない。育った環境も考え方も違う、自分とは別の人なのだから」

そのときちょっとぐらいもめても、あとで大ゲンカになるよりはずっとマシだし、相手の気持ちも聞くことができます。いちばん大切なのは、自分が悶々《もんもん》と不満をため込まないようにすること。

それが、いろいろ悩んだ末にたどりついた、私なりの答えです。

## 39　パパは大事な人

私は、夫に甘えているな〜と自分でも思うときがあります。飲み会に出かけて、深夜に夫に迎えに来てもらったり、休日のたびに夫に食事を作ってもらったり。「普通のお母さんはそんなことしないよ」と、子どもたちに言われるほどです。

そんな私が今、家庭の中で唯一気をつけていること、それは、〝夫を大事にする〟ということ。「なんだか矛盾していない？」と思われるでしょうか。

私の思う〝夫を大事にする〟は、「夫に尽くす」とか、「夫に家事や育児を押し付けない」というのとはちょっと違います。夫にも、できる範囲で子育てや家事には協力してもらいますし、夫婦それぞれが自分の時間を持てるようにするのが若松家です。

いつも心がけているのは、彼の仕事の大変さを理解し、彼が家族のために頑張っていることを、子どもたちに伝えること。夫が子どもたちのことを叱った後には、「パパはあなたのことを、本当は心配しているんだよ。かわいいから叱るんだよ」と、夫の気持ちを娘たちにわかりやすく伝えること。「助かった」「ありがとね～」と、夫への感謝を口に出して表すことです。

母親は父親より子どもといっしょにいる時間が長い分、ふだんから頑張っている姿を子どもに見せることができます。でも、サラリーマンの夫には、それができない。汗だくになって取引先を回っても、上司やクライアントに頭を下げても、深夜に疲れた顔で帰宅しても、その姿を子どもたちが見ることはありません。

今は共働きも多いので、「夫ばかりが頑張っているわけではないでしょ！」という声もあると思います。私も同じだから、わかります。それでも、私の働きだけで今の生活はできません。毎日お風呂に入って食事をし、温かい家に住めるのは、やっぱり夫の頑張りがあってこそ。用事があるとき、子どもを置いて安心して出かけることができたのも、夫がいてくれたから。子どもの成長を喜び、グチり、ときには育児のストレスをぶつけることができたのも(!?)、彼がいてくれたからこそです。

な～んていう私も、以前はそんなことには気がつかず、夫が働くのは当たり前、でも、私のことは労《いた》わってほしい、優しくしてほしいと思っていました。〝私だって頑張ってる！〟という思いが強くて、夫の大変さはさておき(さておくな！　って感じですが)、自分の子育てや家事の頑張りを認めてほしいと思った時期もあります。「これじゃあダメ」、「もっとこうして」と要求ばかりを並べて、「ありがとう」も「お疲れさま」も伝えず、夫がしてくれていることへの感謝なんて、すっかり忘れていました。

でもね、夫婦は二人で成り立っている関係です。相手をけなしても責めても、プラスになることなんてない。私が夫を大事に思えばこそ、夫も自分を大事にしてくれる。自分が優しくして相手を認めなければ、相手も優しくはしてくれないし、自分のことを認めてくれないのです。何より、娘たちは私の姿を見ています。私が夫に何を言い、夫のことを子どもたちにどう話すのかを。

いつもは女三人、悪ふざけをしたりパパをからかったりしているけれど、ベースには、「パパは大事な人」「パパのおかげ」という気持ちを、忘れずに持っていたいな〜と思うのです。

# 40 あきらめることも悪くない

女性数人と悩みを話していたときのこと、ある方が「夫との距離感が難しいのよ。どこまで干渉していいのか、迷うときがあるの」と言いました。またある人は、「夫は家にいても、仕事があるからと部屋にこもってしまうの。話をしたくてもできない。彼にとって私はなんなんだろう？」と言います。

新婚さんの悩みのようですが、どちらも大きなお子さんがいて、結婚年数の長い方。二人にとって悩みは切実でしょうが、私には「夫とうまくやっていきたい」、「向かい合いたい」という、女性ならではの温かい思いが含まれているような気がして、「素敵だな」と感じられました。

夫婦って、年数を重ねればお互いにわかり合えるもの、自然とどちらかに合わせていけるものと思っていたけれど、そうとばかりは言えないな……と、私も思います（笑）。

最近は熟年離婚も多いし、私たちの親世代には、「日中はそれぞれ別に行動して、食事のときに顔を合わせるくらいがちょうどいい。寝室も別」という夫婦が多いのも事実です。その方たちにだって、アッアッの時代も、寝室がいっしょの時代もあったわけで、「じゃあ私たちの数十年後は……？」と、考えてしまいます。でも違った面から見ると、そうして夫と距離を置くことが、トラブルを少なくし、夫婦で末永くやっていくためのひとつの知恵なのかもしれません。

私たち夫婦だって、やっぱり少しずつ関係は変化していっていると感じます。どちらかというと新婚のころのほうが、夫婦としての悩みはずっと多かったかな。お互いに「自分は間違っていない」と主張して派手にケンカもしたし、相手を自分の思うように動かそうとしたり、「どうしてわかってくれないの？」と相手を責めたり。子育ての考え方の違いや、休日の過ごし方でもぶつかりました。

今思えば、そうやってケンカをしていたころは、相手に対する期待が大きくて、「言えばわかってくれる、変わってくれる」と信じていたのです。

たとえば以前、よくケンカの原因になっていたのは、夫が「頑張りすぎる」こと。どんなに具合が悪くても仕事を休もうとしない。そして深夜まで残業をした後、睡眠もろくにとらずに、早朝からゴルフに行ってしまう……。こちらがいくら「体を壊すよ」「お願いだから少し休んで」と言っても聞きません。

そのたびに私は腹を立て、「こんなに心配しているのになぜ伝わらないんだろう」と嘆いていました。でも今は……？

「本当に体がつらかったら、自分で調整するよね。私がイライラしても、しょうがない」。冷静に、また「相手のことは相手のこと」と、距離を置いて考えられるようになりました。

「気持ちをぶつければ、相手を変えられる」。そう思っていた時代は、もう終わりです。私達は十八年という年月を経て、「人はそう簡単には変わらない」ということがわかったんだと思います。

夫ののんびり屋なところ、頑固なところ、頼まれると断れないところも、私のせっかちなところ、口が達者すぎるところ、な〜んでも人任せなところも、変わるには時間が必要なのです。

もう、「常に自分と同じ目線で、同じものを見てほしい」と思うこともなくなり、「同じ家に住んでいる、別々の人間なんだ」、そう思うようになりました。おかげでトラブルは減り、家庭の空気を壊さず、お互いの気持ちも乱さずにいられるようになったのです。

「夫婦なのに、そんな考え方はさびしい」と思う人もいるかもしれませんね。

でも、今の私がさびしかったり不幸せだったりするかというと、決してそんなことはありません。〝この人は、こういう人なんだ〟とあきらめるのは、悪いことではなく、次に進むステップ。あきらめることで新しい関係が見えてくることだって、きっとあるはずです。

# 第4章

# 私が幸せになる方法

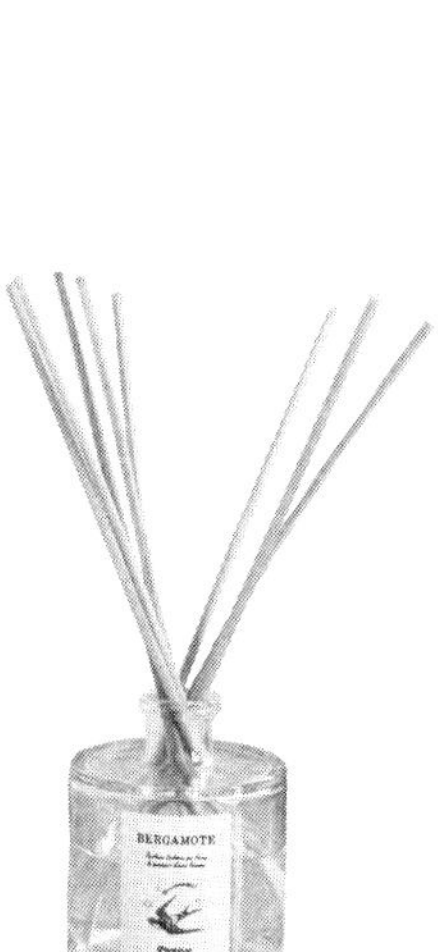

## 41 想像することで、優しくなれる

私が十八歳で東京に出てきたばかりのころ、面倒をみてくれた親類のおばさんがいました。彼女の仕事は、銀座の〝ママさん〟たちのヘアを担当する美容師。仕事柄、たくさんの方に出会うからでしょうか、とても観察力に優れています。年に数回しか会わない私に、あるとき、彼女はこう言ったのです。

「あなたはね、身近にいる人や、自分の知っている人にはとても優しいのよ。でも、自分に関係のない人には、とても冷たいの」

私は、言われていることの意味がよくわかりませんでした。「それはそうでしょう。だって、関係のない人には優しくしようがないもの」。そう思っていましたから。納得のいかない顔をしている私に、彼女はこう続けたのです。

「たとえば、電車の中で泣いている女の子がいるとするでしょう。あなたはどう思う？　あ〜あ、こんな大勢の前で涙なんか流しちゃって恥ずかしい、って思うんじゃない？」

「うん……思うかな」

「そんなときは、想像してみて。大好きだったボーイフレンドにふられて、すごくつらい思いをしているのかな。それとも、だれか身内が亡くなって、打ちひしがれているのかもしれないって。そんなふうに、想像することが大切なのよ」

私は、彼女に言われたことが頭から離れませんでした。「どういうことだろう？」「どうしたらいいんだろう？」

それからは、街なかで何かを見るたびに、自分の心の中を観察してみました。すると、まさに彼女の言う通りだったのです。他人に対する気持ちが、本当に冷たい。電車の中で、大口を開けて寝ている人がいれば「カッコ悪い」と思っていたし、人込みの中をぶつかりながら慌てて走り去る人には、「ちょっと！　すみませんぐらい言ったらどうなの」と思っていました。

祖母はよく言っていたものです。「その立場になってみないとわからないことって、たくさんあるものよ」

その言葉の意味をいちばん痛感したのは、子どもが生まれたときです。私はそれまで、あまり子ども好きではありませんでした。でも、自分が子どもを産んでみたらどうでしょう。こんなにも愛おしいと思えるものが、この世の中にあったのかというくらいにかわいいのです。「お母さんって、こんな気持ちだったんだな」と、初めて理解できました。また、ベビーを連れて出かけるときの不便さや、周囲の人からの手助けのありがたさにも、初めて気がつきました。

そうは言っても、あらゆることを体験できるわけではありません。だからこそ〝想像する〟ことが、大切なのです。

電車に、スーツを着た子連れの女性が乗ってくる。「会社の近くの保育園にでも行くのかな」と考えてみる。そうすると、「朝は慌ただしかっただろうに、笑顔で子どもと接していて、いいお母さんだな」と思えてきます。電車の中で、大口を開けて寝ている人がいれば、夫の姿と重ねてみる。「きっと、毎日忙しくて眠る暇もないんだろうな」と思えます。人込みの中をぶつかりながら走っている人がいれば、「大切な約束に遅れそうなのかな」と、想像してみます。

実際はどうであれ、想像することで、不思議なくらい自分の気持ちが穏やかに、優しくなっていくのがわかります。おばさんのあのひと言がなかったら、今よりもう少し冷たい私だったかもしれません。

でも、なぜでしょう？　自分の夫にだけは、想像力があまり働かなくて、つい文句を言ってしまう私です。

## 42 メールの誤解

「今日飲んで帰るはずだったんだけど、やっぱりなしになった」と、夫からメール。深く考えず、「なんで？」とひと言返信したら、「今からご飯を作るのは面倒だろうから、食べて帰る」と、ふてくされメールが戻ってきました。あっ、ちょっと誤解されてる……と気がつき、慌てて電話をしました。

私は単に「どうして飲み会がなくなったの？」という気持ちで返したつもりだったのに、夫には、「えーっ、なんで？」という不満モードで受け取られてしまったのです。めんどくさがらずに、「どうしてなくなってしまったの？」と打てばよかったのに、それを省略したのがいけなかったし、さらに、ふだんの私の態度が夫にそう受け取らせたのかもしれないと、ちょっと反省しました。

こういうとき、夫婦や家族だったらすぐに聞けるし、誤解も解きやすい。でも、少し距離のある友人や仕事の知り合いの場合はそうもいきませんよね。

先日も友だちと、「メールの返信って難しいね」という話になりました。たとえば、よく使う『了解しました』という言葉ひとつとっても、「わかったよ！」なのか、「わかりました〜」なのか、こちらの気持ち次第で受け取り方が変わってしまうものです。

「この人苦手だなー」と思っていると、きつく感じたり、「本心は別にあるのかも？」と勘繰《かんぐ》ってしまったり。「『了解しました』のあとに、笑顔マークがひとつ入っているだけでも、ホッとするのよね」という友人の言葉を聞いて、なるほど！　と思いました。私もメールが大好きというわけではないから、つい簡単にすまそうとしてしまうけれど、受け取った人がきついイメージを受けないようにする配慮は必要だと感じます。

またある友人は、「すぐに返信が来ないと、『怒らせてしまったかな？』とか、『嫌な感じを受けたかもしれない……』って不安になるの」と言います。私のように返信が遅い人は、アドレスを交換するときに「私は返信が遅いのよ」とひと言伝えておくと、相手を不安にさせずにすむかもしれません。

さらにこんな話も。こちらは単に質問したつもりなのに、そこに別の意図が入っているように取られ、困惑することがあるというのです。たとえば、「渡したいものがあるから、六時にうかがいます」というメールが友人から来たとします。「ご飯どきではないですか？　もっと遅い時間でも大丈夫ですよ」と、こちらは相手に気を遣って返信したつもりなのに、相手は「この人は、ご飯どきだからもっと遅い時間に来てくれと言っているんだな」と受け取られることもあると。ん～、ややこしい。

そんなこともあって、私は何度もやりとりが必要なときや、私の言葉ではうまく伝わらないかもしれない……と不安に思うときには、「電話をしてもいい？」とメールをしたうえで、電話をかけちゃいます。メールでのやりとりが長引くと、結局は相手の時間も自分の時間も拘束《こうそく》してしまうことになり、メールのメリットが薄れてしまうからです。

電話だと、相手の声のトーンで気持ちがわかることもあるし、決めごとをするときには、一度でパパッと決められて手っ取り早い。私自身も、「電話のほうが早いと思ったら、時間は気にせずかけてね」と伝えるようにしています。

そして、自分で心がけているのは、メールの返事が来ないときや、メールの内容がそっけなく感じたときにも、勝手に悪いふうに想像しないこと。悪い妄想は、人を疲れさせますから……。

## 43　女性が働くということ

早いもので、うちの長女は高校二年生。子どもたちの成長とともに、周りのママたちにも、年々フルタイムの仕事や、パートで働く人が増えてきました。今では主婦業だけという人はあまりいません。中には、自宅でミニサロンを開いたり、資格取得に挑戦したりして、自分の時間を楽しむ人も。

以前は、「私は家にいるのが好きなの」「主婦が向いているわ」「夫が、働かないで家にいてくれって言うのよ」と言っていた人でも、日中ひとりの時間が長くなると、自然と変わっていくんだな～と感じているところです。

私自身も、子どもと向き合っている時間が長いときには、「こういう毎日って、いつまで続くんだろう……」と思ったり、社会に置いていかれている気がしていたけれど、そんな年月は、決して長くはなかった。子どもは必ず成長するし、私たちも外に出て行く時間を持てるときがくるんだと感じる、今日このごろです。

あるとき、夫から「君はもう〝主〟婦ではないよね〜」と言われました。一瞬、ちゃんと主婦をしていないと言われたような気がして、「え、そんなことないでしょう?」とムッとした私。でもよく考えたら、その週末は、習い事に出かけて、帰宅してからも仕事をしていたので、土、日とも、夕飯は夫が用意していました。ハッとする私に、ニヤリと笑う夫。「確かに、今の私は〝主〟婦ではないですね〜。ハハハ」と、笑ってごまかしました。

でも、夫は言います。「オレは、そういう君もいいと思うよ」

夫に言わせると、今の私は以前と比べたら忙しそうではあるけれど、イキイキとしているらしい。外に出る機会も増えるからオシャレも楽しむし、何より、夫自身が自由になったというのです。確かに、外で働く夫の苦労もわかるようになったから、「え〜、ゴルフ?」とか、「また飲み会?」と言わなくなりました。

そして、働いていないときの私は、夫に対してどこか卑屈でした。彼が働いて得たお金を使わせてもらっていることに、そして、自由な時間がたくさんあるように周りから見られることに。夫から何か言われたわけでもないのに、勝手に自分を責めていたのです。自営業の家で、働く女性ばかりを見て育ったせいかもしれません。

今は洋服を買っても、平日の昼間にのんびりしても、「私も少しは働いているしね」と、自分を納得させることができ、気が楽になりました。今考えると、結局は私の気持ちの問題だったのですが……。

そして何より私自身が、毎日の生活に仕事が加わることで、充実感があります。といってもフルタイムで外に働きに出ているわけではないので、パートに近い働き方。主婦の日と仕事の日があることで、うまく気持ちのバランスがとれた日々を送ることができています。

仕事が続いた日は、野菜をゆでただけでも、「家事をする時間って、幸せ〜」と思うし、トイレ掃除すら楽しい。もちろんその逆もあって、家や家族以外のことに関心を向けることで人間関係も広がり、人それぞれの生き方や考え方を見ることができます。

ときどき、「子どもをちゃんと見てほしいから仕事はしないで」という夫を説得できない、という方がいます。もちろん、その家庭ごとの考え方がありますし、子どもの年齢にもよりますが、私の経験から言うと、そばにいて手をかけることだけが、子どものためではないなと思います。

子どもがまだ小学生だったりすると、初めは不安です。けれど、「帰宅したら、ひとりで宿題を終わらせていたの」「お風呂を沸かしておいてくれたのよ」というお母さんのうれしそうな声を聞くと、「親が離れることでの成長もあるんだな〜」と、しみじみ思うのです。

## 44　ありのままの私でお付き合い

私のブログに、こんなコメントをいただきました。

「美穂さんのブログは幸せ自慢のようで、見るのをしばらくやめていました」。

ドキッとしましたが、でも「なるほどね」とわかる気もします……。「幸せな話、楽しい話を聞かせて～」と言ってくださる人もいますが、どちらかと言うと、私自身についての悩みや、子育てや夫との関係での迷いなどを書いたときのほうが、親しみを覚えてくれる人が多いのです。

といっても、そんな暗い話ばかり書いていたら、ブログのタイトルが〝悩み多き主婦の嘆き〟になってしまいますし、なんでも書くってわけにはいかないんですけどね（笑）。

エッセイやブログは、日々の生活の一部分を切り取って、いい部分だけを選んで書いていることがほとんど。でももちろん私だって、幸せなだけの日々ではありません。夫と言い合い（私が一方的に文句を言うに近いけど）をしたあとで、「どうしてあんなこと言っちゃったんだろ？」と後悔することもあるし、暗～い気分になることも。長女が思春期のときには、初めてのことばかりでずいぶん悩みました。ちょっと風変わりな二女のことを受け入れられるようになるのにも、かなりの時間が必要でした。

娘たちが小さいころは、そんなわが家の〝負の部分〟を人に話すのは苦手でした。たぶん、自分の悩みや家の中のトラブルを話したら、そのますべてを噂されたり、「やだ～、若松さん家ってかわいそうなんだ」などと決め付けられるんじゃないかと、ちょっと怖がっていたのかもしれません。

でも今は、できるだけ隠さないようにしています。負の部分はどこの家にもあって恥ずかしいことではないし、人間関係においては、それを見せることがマイナスにならないんだな～と知ったからです。

たまたまいっしょにPTAの役員をやったり、いっしょにランチや飲みに行ったりしたママ友たちは、口を揃えて言います。「若松さんって、しっかりしていて自分に自信がある人だと思っていた」「悩みなんかない人のように見えたから、相談なんかしたら鼻で笑われるんじゃないかと思って～」。そして、「初めはとっつきにくかった」と言うのです。

でも、私がありのままの自分を見せて付き合っていると、「なんだ～、私と変わりないじゃない！」とホッとされたり、「うちも同じ！」「そういうときどうしてるの？」というふうに、相手がグッと近づいて来てくれることが多いのです。

自分が逆の立場で考えてみてもそうですよね。「いつも完璧！　悩みなんて何もない」という雰囲気の人がいたら、「すごいな〜。理想的！」とは思うけれど、自分の悩みって、ちょっと打ち明けにくい。「あら〜、お宅は大変ねー」なんて笑われちゃいそうで。逆に負の部分も正直に見せてくれたり、自分の悩みを打ち明けてくれたりする人とは、腹を割って話すことができます。

そして、いろいろなマイナスの噂が入ってきたとしても、すべてを信じるかと言われたら、そんなことはありませんし、その話だけで相手のイメージを固定化するわけでもありません。友人が「私、もうホントにうちの夫のこと嫌なのよ〜」「昨日、めちゃくちゃケンカした」と言ったとしても、「なんだかんだ言ったって、うまくやっているんだよね」「バランスのいい夫婦なのかも」と思います。人は、意外とちゃんと見ているものなのです。

変に隠したり見栄をはったりせず、ありのままを見せて付き合える人間関係をつくっていきたいなと思います。

# 45　すむ水が違う

人付き合いは、生きている限りず～っとつきまとうもの。楽しみや喜びを増やしてくれて、自分を豊かにしてくれるものでもあるけれど、ときには悩みのたねになることもあります。ママ友、子ども同士、ご近所の人……いろいろなことがあります。

今の家に引っ越してきてまだ間もないころのこと。私は自分が自治会のどの班に入っているのかもわからず、間違った場所にゴミを捨てていました。ミルク缶を缶ゴミの日に出してしまったり（以前は不燃ゴミでした）、私が実家に帰省している間、夫が不燃ゴミの日に生ゴミを出してしまったりと、何度かミスが続きました。

ある日、私の出したゴミに「W様」と注意書きのメモが貼られて戻ってきました。ご近所に、熱心にゴミの管理をしている方がいるのでした。

さんざん迷ったのですが、この先もお互い嫌な雰囲気のまま顔を合わせ続けるのはつらい……。勇気を出して謝りに行くことに。

オドオドと詫《わ》びる私にその方は言いました。「私ね、今までこうしてゴミのことで注意をしてきたけれど、謝ってくれたのはあなたが初めてよ」

その後は、会えば明るくあいさつしてくれます。あるときは「きれいな色のお洋服ですね」と声をかけたら、「あなたにそう言われると、本当にうれしいわ」と。

勇気を出したひと言で、人との関係ってこんなにも変わっていくんだな〜と、うれしい気持ちになりました。

でも人間関係って、そんなにうまくいくことばかりでもありませんよね。

謝っても許してもらえない場合もあるし、「それは単なる〝イチャモン〟では?」と思うことだってあります。自分にとってはささいなことでも、相手が急に冷たい態度になって戸惑うことがあるし、逆にこちらのほうが、「ダメだ、この人にはついていけない」となることも。

人間関係がどうしてもうまくいかないときや、理解できないタイプの人と会ったとき、私の身内で合言葉のように使う言葉があります。それは「すむ水が違う」という言葉。

今は鯉と鯛がいっしょにすめる水というのもあるようですが、基本的に、淡水魚と海水魚は同じ水の中では暮らせません。つまり、どちらがいい悪いではなくて、ただ〝違う〟のです。

違う魚が同じ水に入れば苦しくなるだけ。その人は自分と合わないだけで、ほかには合う人がいる。合わない人からはスーッと離れ、明るくあいさつだけはして、苦しくならない程度につきあえばいいと思っています。

ところで、「すむ水が違う」と思ったのは最初だけで、付き合ううちに印象が変わってくることもあります。

実は、私の大切な友人のA子さんがまさにそう。子どもの幼稚園時代のママ友なのですが、なんとなく合わない気がして、在園中はそれほど仲よくしていませんでした。

彼女のほうも、「本当は初めのころ、ツンとした感じがしてあなたのことが苦手だった」（これ、よく言われます）と告白してくれました。

今では、お互いなんでも話せる大切な友人です。

そういえば、夫にも、出会ったころはあまりいい印象がなかったなー。「ずいぶん愛想のない人だな。私こういうタイプの人は苦手」って。でもいっしょにいるうちに、初めのイメージはどこへやら。いっぽう夫のほうは、別の意味で私の印象が変わったかもしれませんね。「こんなに気が強い人とは思わなかった」って……！

## 46　思い込みにしばられてない？

「私、AさんとBさんは仲がよさそうに見えて、本当はあまりうまくいっていないと思うんだよね」と、あるママ友が言いました。

「ふ〜ん、どうして？」

「だって、こんなことがあったんだよ。行事で使うものが用意できなくて困っているAさんに、Bさんが、『うちの実家にもうひとつあるから貸してあげる』って言ったの。でもAさんは『悪いからいいよ。自分で用意するから』って断ったの。たぶんAさんは、余計なことしないでよって思ったんだよね〜」。

〝余計なことしないでよと思った〟というのは話を聞いていた彼女の想像でしかありません。本当の気持ちはAさんとBさんにしかわからないことです。AさんとBさんがその会話をしたからといって、うまくいっていないとは限らないし、そんな噂がたったら困ってしまうかも……。

私もふだんの会話の中で、軽い気持ちで「たぶん〜だよね」「〜だと思うよ」と言うことがあります。言ってから、「あっ、またやっちゃった」と思うのですが。実際にそうなのではなく、「私がそう思っただけ、想像しただけ」なんですよね。周囲の人の会話を聞いていても、これが結構多いんです。ご近所さんのこと、ママ友だちのこと、会社の人のこと。「あの人は、きっとこうに違いない」とか、相手の気持ちを勝手に想像して「あのとき、○○さんはこう思っていたみたいなのよ」とか。

友人が、「私はあの人から嫌われているような気がする」というので、「どうして？」と聞くと「なんとなく」とか「そんな気がする」と。結局、嫌われていると自分が思い込んでいるだけで、話を聞いていくと、実は相手が自分を嫌っているのではなく、自分自身が相手に苦手意識を持っていたことに後で気がついたりして。他にも「きっとそうに違いない」の多いこと多いこと……。

そういう私も、以前〝想像される側〟になって、驚いたことがあります。娘の習い事のお迎えに、いつも同じ時間に車で出かけていたら、知り合いの方に言われました。「うちの夫がね、『最近、オレが帰宅する時間にいつも若松さん家《ち》に車がないんだよ。奥さんが、夜、仕事に出ることにしたんだろうね』と言っていたわ」と。

こんなことくらいなら「いいえ、違うんですよ」と笑ってすむけれど、「隣の家の人は、わざと嫌がらせをしている」とか、「あそこのママ友のグループは、Aさんだけを仲間はずれにしているみたい」なんて、勘違いだけで話をしていたら、トラブルの元になっちゃいます。

家族同士だと、さらに〝自分はよく知っている〟という思いこみが強いので、決めてかかってしまうことが多いようです。私は今でこそ、「たとえ家族でも、相手の気持ちは聞いてみないとわからない。昨日と今日言うことが違っても、そのときそのとき、人の気持ちは変わるもの」と思えるようになったけれど、以前はよく、夫や娘たちに「あなたはこう思っているのよね」と言って、「そんなこと思ってないけど……」、勝手に決めないでよ」なんて言われていました。

先ほどから、想像とか勘違いという言葉でも表しているけれど、簡単にいえば、すべてその人の「思い込み」ですよね。

カウンセリングの教室で、先生が「私たちは、思い込みから解放されればずっと楽になります。悩みのほとんどは思い込みなんですよ」とおっしゃっていました。

思い込みにとらわれて悩むより、相手の気持ちがわからないのなら聞いてみる、事実がわからないのなら確かめてみる、自分の正直な気持ちを伝えてみる。そのほうが自分も苦しまず、スッキリできますよね。もちろん、確かめてもいい答えが返ってくるとは限らないから、「相手のこと、相手の気持ちはわからなくて当たり前、わからないままでいい」と割り切ることも大切です。

# 47　母と娘が選ぶ道

「娘の話を聞くのは楽しみよ」

そんな母の言葉がうれしくて、以前は時間ができると宮城の実家に電話をしていました。いっしょに暮らすようになった今も、ひとつのことに意見を言い合ったり、お互いにグチをこぼしたり、子どもたちのことを話したり……私と母は、まさに、友だち親子です。

でも、中学生・高校生くらいのころ、私は、母をあまり好きになれませんでした。彼女自身のことは好きだったのですが、母親としての暮らし方、生き方に賛同できなかったというほうが、正しいかもしれません。

美容院を経営していた母は、仕事ひと筋。学校の授業参観には、ほとんど祖母が来ました。運動会は、タクシーに乗って慌しくやって来て、兄や私の出番を見て帰って行くだけ。ふだん、食事をいっしょにとることはないし、休日も美容師の講習に出かけてしまう。悩みや話したいことがあっても、手が空くのを待たなくてはいけません。忙しい母を引き止めることは、なかなかできませんでした。

子どもながらに、母の大変さはわかっていたので、文句を言ったり、駄々をこねた記憶はありません。でも、不満や寂しい気持ちは確実にたまっていたのでしょう。いつの間にか心の中に、「あなたのようには、絶対ならない」という、母に対する反発心が芽生えていました。

高校時代の友達が、言いました。「あのころ美穂は、よく言ってたよね。早く結婚して、子どもに手作りの洋服を着せたり、お菓子を作ってあげるのが夢だって。本当にそうなったね」

そう、結婚して〝家事に夢中になる私〟になったのは、母のおかげかもしれません。

上京してひとり暮らしを経験し、結婚して子どもを産み、こうして、家事以外のこともこなすようになった今。やっと私は、母のような人生もありかな……と思えます。「あなたたちの世話で精いっぱいで、好きなことができなかった」と言われるより、「思ったように生きてきたから、後悔はないわ」。そういう母の生き方も、悪くないなと。

あるとき、母が言いました。「あなたが子どものころ、あなたたちが休日に出かけるのを見て、本当は私も寂しかったのよ」。店を支えるために、母も我慢をしていたのです。

ときどき、思い出すことがあります。熱を出した私に、母がひと晩中本を読んでくれたこと。寝る前に、お話をつくって聞かせてくれたこと。たま～に参観日に来た母が、キレイで自慢だったこと。子どもを産むとき、何時間も背中をさすってくれたこと。仕事ばかりだったわけではなく、彼女なりに、私たちのほうを向いていたんだと、今の私なら、理解ができます。

母が笑って言いました。「あの子たちは主婦のあなたを見てきたから、きっと、働く女になると思うわ。娘はね、母親に反発するものよ。でも、私はそれでいいって思ってる。お母さんみたいになりたいと言われるよりも、いろんな意味で、母親を超えてくれたほうがいいじゃない？」

そういえば、私がなんでも夫に頼み、夫にやってもらうのを見ている長女は、こう言います。

「私、絶対ママみたいに、甘ったれた女の人にはならない。なんでも自分でやる女になるからね」

そうかい、そうかい、頼もしいね～。

## 48 変わらなくちゃ！

「お友だちに親切ですよ」

小学生だった長女の家庭訪問の日、担任の先生がおっしゃった言葉に、心底ホッとしました。

「あ〜、私の小さいころと違っていてよかった」と。

自分の経験から、私は子どもたちに、いつもしつこいくらいにこう言います。

「そんなこと言ったら、お友だちは嫌な思いしない？」

「もし、自分がそう言われたらどう思う？」

きっと子どもたちは、「私たちには言いたい放題の毒舌ママなのに、よく言うよ……」なんて思っていることでしょう。

私が小学校六年生のときのことです。クラブ活動の顧問だったK先生から、ある日「交換日記をしましょう」とノートをもらいました。

ピンクのハートいっぱいのそのノートに、自分が何を書いたのかはほとんど覚えていないのですが、先生が書いてくれた言葉は、今でも忘れることができません。

——あなたを見ていると、小さいころの自分を思い出します。私は、テストをすれば百点は当たり前。運動をさせたら、できないことはほとんどない子でした。でも、何かが足りなかった気がするの。

それは、優しさです。

あなたの言っていることややっていることは、間違っていないと先生は思います。でも、正しいからといって、すべてを口にすることや、押し通すのがいいことではないのです。

お友だちの中には、いろいろな人がいます。上手にやりたいと思ってもできない子もいるし、頑張ってもできないことがあるのです。それをわかってあげてくださいね——

その言葉を目にしたときの私の気持ちは、ひと言「ガーン、ショック！」でした。こんなにはっきりと、他人に自分の悪いところを指摘されたのは、初めてのことでしたから。

でも、不思議にさっぱりした気持ちでした。きっと自分でも、その欠点にうすうす気がついていたんだと思います。

そして、何よりも先生の「昔、私もそうだった」という言葉に、先が明るくなるような気がしました。こんな私でもK先生みたいになれるかもしれない。変われるんだ、変わらなくちゃ！

自分の性格は、そんなにすぐに変えることはできません。でも、進学、ひとり暮らし、結婚、引っ越し、子どもの入園、入学など、新しい人たちと出会うたびに〝新しい自分〟になろうと努力し、徐々に変わることができたような気がします。

K先生の言葉のおかげで今の私があるんだな〜と、心から感謝しています。

大人になった今でも、悪いところを指摘されると、シュンとなったり、あとになってムクムクと腹が立ってくることがあります。でも、K先生のことを思い出すと、こう思えるのです。「ちょっと待て！　これが変わるチャンスかもしれないよ……」

そして、言うほうにも相当の勇気がいるんだっていうことを、ずっと忘れないでいたいと思うのです。

# 49 心の中の雲

ずいぶん前のことです。親戚みんなで出かけることになり、現地集合にしました。夜まで楽しい時間を過ごし、皆で、夫の運転する車で帰ろうとすると、全員は乗れないことが発覚。私がひとりだけ、徒歩で帰ることに……。

誰が原因というわけでもなかったし、それほど遠い場所でもなかったので、状況的には仕方がなかったと思います。とはいえ、子どものころから、暗いところは苦手な私。暗くて寒い夜道をひとりで歩いていると寂しくて、とても悲しい気持ちになりました。走ってみんなのところにたどり着くと、かけられた言葉は「意外と早かったね」のひと言だけでした（私のふだんの言動から、ひとりで夜道を怖がるようなキャラではないので、しょうがない気もしますが）。

何事もなかったように、そのことはみんなの中から忘れ去られました。……が、私の気持ちの中には、どよ～んと広がった曇り空のように、そのことが居座り続けました。

たいていのことは、友人に聞いてもらったら、「まあいいか」と思えるのに、そのことだけは、何度話してもスッキリしない。思い出すたびに、涙が出るくらい悲しい気持ちが、何度もよみがえるのです。

皆さんはないですか？　他人から見れば小さいこと、気にならないこと、もう忘れてもいいことなのに、自分の気持ちの中からどうしても消えないことが。

なぜスッキリしないのか？　考えて、気がつきました。それは、本当にわかってほしい人に、伝えられていないから。私は、他の誰もが気がついてくれなくても、夫にだけは私の気持ちに気がついてほしかったのです。だからある日、「過去のことだし、小さなことだけれど聞いてほしいことがある」と、夫に伝えました。「誰かを責める気持ちもないし、どうしてほしいわけでもない。ただ、気持ちを聞いてほしいだけなの」と。夫は「うん、うん」と、最後まで聞いてくれました。

夫も、私がそんなに悲しかったとは知らなかったと言います。話を聞いて、夫がどう感じたのかはわかりません。でも私にとっては、〝伝えられた〟ということが大きかった。話しているときのあの不思議な感覚は、今でも忘れられません。目の前に急に大きな川ができ、嫌な思いがザーッと流れていくのが見えるように、スッキリしたのです。

伝えなければ、伝わらない。私はこのことをきっかけに、家族の中で「伝える」「伝えてもらう」感覚を大事にしたいと思うようになりました。解決するためではなく、お互いに「そう感じたのね」と、受け止めることを大事にしようと。

嫌な気持ちや思いって、忘れようとしてもなかなか忘れられないものです。小さな雲がいつのまにか大きな雨雲に変わるように、ささいなことが積み重なって、大きな不満や悲しみになることだってあります。だからこそ、そのひとつひとつを上手に整理し、過去のことにできるように、お互いの「伝える」を大事にしたいのです。

ときには、伝えたことが原因で嫌な雰囲気になったり、ぶつかることもあります。でもそれは、家族それぞれに性格も感じ方も違うのだから、仕方がないこと。それでも、気持ちの中にため込むよりはずっといい。

娘たちにも、「どうにもすっきりしない嫌な思いがあったら、なるべく話してね」と伝えています。たとえ、ずっと過去のことでも。長女は最近、「中一のとき、友だちと花火大会に行くって決めていたのに、ダメって言われて嫌だった」、二女は「ママが怒って、おもちゃの携帯やカメラを捨てちゃったのは悲しかった」など、いろいろ口にします。つまり、私への不平不満なんだけど（汗）。こちらにも、いろいろ言い分はあるとしても、お互い立場が違えば思いも違う。子どもたちが嫌だとか悲しいと感じた素直な気持ちは、受けとめようかな。

## 50　いつか、捨てる日が来る

「うわっ、懐かしいー。そしてヤバい〜！」。夫が、クローゼット上の、奥深くにしまっておいた靴箱を開け、笑っています。「なになに？」。のぞいて見ると、夫が高校の陸上部時代に履いていたスパイク。

何度も「捨てよう」と言ったのに、「イヤ、取っておく」と夫が言い張るので、「しょうがない」と、数年前に奥にしまい込んだまま、忘れていました。恐ろしいことに、靴全体に赤カビがびっしり……（汗）。夫婦そろって「ウェー」と、しかめっ面に。

それでも彼にとっては、自分なりに満足できる成績を収めることができた思い出や、今でも仲のいい友人たちといっしょに練習した思い出が詰まった、大事な大事な品です。

「もう一度取っておく？」と聞いてみると、「いや〜、さすがに、もういいでしょう」と夫。カビが生えた靴を捨てられることにホッとしつつ、この靴とサヨナラするのに、彼には十八年という歳月が必要だったんだな……。断捨離《だんしゃり》もいいけれど、たまには踏ん切りがつくまで取っておくのも、悪いことじゃないかも。そんな気持ちになりました。

片付けが大好きで、捨てるのが大得意な私にも、実は「捨てられないもの」がいくつかあります。たとえば、長女が小さいとき夢中になって編んだ毛糸の洋服や、長女と二女が続けて着た、ひまわり模様の夏服。小さな古びた洋服を、誰かが着ることは、もうありません。お下がりにあげる機会も何度もあったのに、どうしても手放せなかったのです。

ひまわり模様の洋服を見ると、娘たちの可愛い笑顔を、たくさんたくさん思い出すことができます。一方手編みの洋服は、その逆。私のちょっと暗い時期を思い出します。編み物に夢中になっていたころは、わからないことばかりの育児に戸惑い、孤独を感じることが多かった時代でした。趣味と睡眠に忙しい（?）夫と、ケンカすることも多かったな（笑）。でも、編み物に夢中になることで、自分なりに、楽しみや満足感を見つけていました。

私が捨てられないのは、たぶんその二つが、私が私へ贈る「勲章」のようなものだから。いろいろあったけど、子育てをよく頑張りました……みたいな。だから、夫がスパイクを捨てられなかった気持ちも、わかるような気がするのです。

以前、あるお宅にお片づけの手伝いに行ったときも、同じようなことがありました。年配の奥さまは、リタイアしたばかりのご主人と二人暮らし。子どもたちはすでに自立して、家を出ています。それなのに、五～六人で使う焼き肉プレートや、ホットプレートを大事にとってあります。大きくて重たくて、年を重ねた方が運んだり洗ったりするのは、大変そう。

「もっとコンパクトなものが安く売っていますよ」とアドバイスしても、「イヤ、きっと使うから」とおっしゃいます。「お子さんたちやお孫さん、お客様がいらっしゃるときに使うんですね」と言うと、「イヤ、めったに来ないよ」と。

私は思いました。捨てられないのは、ホットプレートや焼き肉プレートじゃない。大勢でワイワイやっていた時代の思い出なんだな。それを無理に「捨てましょう」と言うのは、何か違うのではないかと。

いつか、ご夫婦二人で過ごす「今」の暮らしを大事に思えるようになったら、自然に手放せる日が来るのかもしれません。そして私にも、あの洋服たちにサヨナラできる日が、きっと来るのでしょう。

スパイクを捨てた日、夫はそれまで「取っておき魔」だったとは思えないほど、過去の仕事に関する書類や物を、すべて捨てていました。彼にとって何より大事なのは、「今」の仕事なんだな
……そう感じた瞬間でした。

# 54　無理に忘れなくてもいいんだよ

テレビで、認知症の人を取り上げた番組を見たり、人から話を聞いたりすることがあります。認知症の祖母を看ていたときのことを、人に話すこともあります。そんなとき、以前の私は、決まって涙が流れました。なぜなら、私の中からどうしてもなくならない記憶が、その瞬間、パッと蘇って来るからです。

症状がひどくなった祖母を初めて見たときのショック。

いつも多くの人に囲まれて、凛《りん》としていた祖母が、タオルを首に巻き、ハー、ハーと肩で息をしながら、前のめりになってひとりで食事をする姿。

人が変わったように怒る曾祖母をおびえたように見つめる、幼い娘たちの表情。

悲しみや腹立たしさをうまく処理できず、施設から自宅までの車中、運転をしながらいつも泣いていた自分。

そんな状況が、次々と思いだされて、つらくなるのです。そのたびに「つらかった記憶や悲しい気持ちって、そう簡単には消えないんだな」と、身をもって感じます。

それでも、祖母が亡くなった今は、涙を流す機会は以前より少なくなり、過去を落ち着いて振り返ることもできるようになってきました。それに、一瞬思い出したとしても、何度も繰り返し考えるうちに、「これは悩んでも悔やんでもしょうがないことなんだ」と、自分を慰めることができるようになってきました。気持ちを癒すには、長い、長〜い時間が必要なんだと思います。

時間だけではなく、悲しい気持ちや、どうしていいかわからない気持ちを、言葉に出して吐き出すことも、私には大切なことでした。それを受け止めてくれる人たちが周りにいたからこそ、抱え込まずにすんだのかもしれません。

ときどき、友人たちからも同じような話を聞くことがあります。人に言われて傷ついたこと、腹が立ったこと、夫や友人から裏切られてつらかったこと、子育てで悩んだこと……。そうした悲しい過去の記憶を、彼女たちは会うたびに何度も何度も話します。「また同じことを言っている。もういいじゃない」。そう言う人もいるかもしれないけれど、本人は、傷が癒えないから話すんです。許したくても、受け入れようと思っても、忘れようと思っても、それができないから話すんですよね。だから私は、「何度でも、話して」と思いながら聞いています。

私が通っていた心理カウンセリングの教室で、自分の悲しい記憶について話す機会がありました。先生に、「あなたはその記憶をどうしたい？」と聞かれて、私は「できることなら、なかったことにしたい」と答えました。すると先生がこう言うのです。「それは、なかったことにはできないのよ」と。

「もしなかったことにして、気持ちの奥底にしまったとしても、似たようなできごとがあったとき、その記憶のフタがまたパカッと開いて悲しい気持ちが蘇《よみがえ》ってしまうの。だから、そう思う自分を否定するんじゃなくて、悲しかった、苦しかったと思う弱い自分も認めてあげればいいのよ」

そうなんだ……と、なんだかホッとしました。

それまでの私は、いつまでも悲しい気持ちや腹立たしい気持ちを引きずっている自分を、嫌だなと思っていました。でも、そういう気持ちって誰にでもあるものだし、自然に思ったことを、無理に消さなくたっていいんだと気づいたのです。

それからは、悲しいことをときどき思い出すたびに、無理に忘れようと思うのをやめて、「そうなんだよ、あれはやっぱり嫌だったな」とか「悲しかったよね」と、自分に言ってあげることにしています。今、無理に消そうとしなくても、その悲しみが小さくなる日は、いつかきっと来ると思うから。

## 52　震災、その後、そして今

私は今、夫と二人の娘、そして母との五人で暮らしています。
二〇一一年三月十一日、東日本大震災の津波により、宮城県女川の実家が流されました。その半年後に突然の病で父が亡くなり、それからなんとなく始まった母との同居生活も、もうすぐ二年になります。

ありがたいことに、母は少しずつ元気を取り戻し、夫や子どもたちのおかげでこちらでの生活を楽しんでいます。でもいまだに震災の話は苦手ですし、テレビで震災のニュースを見ては涙を流します。震災の本を手にすることもありませんし、震災の話はできるだけ避けたいようで、こちらで出会った人にその話をすることは、ほぼありません。

たぶんこれからも、被災した人たちの気持ちが癒されることはないのだろうと、母を見ていると思うのです。

震災が起きる前も、私は年齢の割に、「死」や「どうにもならないこと」を意識して生きてきたほうだと思います。父や母がごく親しい身内を亡くしている話を聞いていたし、祖母が認知症になり、人生の終わりに向かっていく日々を目の当たりにしていたからです。

「明日があるとは限らない」、そう思って生きているつもりでした。

でも、町ごと何千人という人を亡くすほどの大惨事が、ともに幼少期を過ごしてきた友人や家族が、一気に奈落の底に落ちるような事態が起きるなんて、まったく想像していませんでした。

## あの日に何が起こったか

あの日あのとき、そしてその直後のことを書こうとすると、何度も手が止まります。

町役場だけが頭を出して水に浸った町の景色。昼とは思えないほど、暗く町を覆う空。ありとあらゆるものを強烈な勢いで飲み込む、ひき波の映像。何も失くなった町に降り積もる雪。宮城の人に会うたびに聞く、亡くなった方たちの話。避難所の様子。津波で亡くなった親戚、知りあいの顔が次々と浮かび、胸の中のザワザワが止まらなくなるのです。

二〇一一年三月十一日午後二時四十六分、今までに感じたことがないほど大きな地震が起きました。

一九七八年、私が六歳のときにも宮城県沖地震が経験しています。あのときの恐怖は今でも覚えていて、私は今でも地震がなによりも苦手です。

地震が多発する地帯だったうえ、実家は海から百メートル程のところにあったので、津波は常に想定しておく必要がありました。地震が起きてから逃げるまでの大体の手順も、家族で決めていたので、今回の地震でも両親の行動は早かったのです。

自宅の美容院で働いていた母は、ひざ掛けをお客さまの頭にのせて守り、揺れが収まってから、お客さまと従業員を帰しました。そして父といっしょに、高台にある病院に向かって走りました。

母には、自分の後ろを走ってくる父の背中を追いかけてくる、黒い波が見えたと言います。「パパ早く！」と叫び、手を取り合って病院の二階へと続く階段を上ろうとしました。

母は言います。「あの階段を上ることができたのは、私たちが最後だったと思う。私は階段を上るのに夢中で気がつかなかったけれど、パパには、下の人が流されて行く様子が見えていたと思うのよ」

同じ被災者でも、人が流されて行く様子を目の前で見た人は、顔つきが変わると聞きます。父もまた、震災後は能面のような表情になりました。

それから四日間、埼玉に住む私には両親の安否がわからず、夫とともにＴＶやネットで情報を探し続けました。仙台に住む兄から、女川の小学校の体育館で両親を見つけたという連絡をもらったときには、体の力が一気にぬけ、思わずその場にへたりこんでしまいました。

すべての親戚の安否がわかるまでには、さらに数日を要しました。その間、私は多くの友人の電話やメール、手紙、ＳＮＳの情報に本当に助けてもらいました。自分がどれだけ多くの人に支えられているのか、改めて感じたのも震災のときでした。

## 震災は続いている

震災時だけではなく、震災後に亡くなる人たちはあとを絶ちません。家も家族もないまま、心に体に傷を抱えつつ、生きることを続けて行かなくてはならない方たちも、いまだ数多くいます。がれきは片付いても、とりあえずの住む場所はあっても、震災は続いているのです。

家族の突然の死に、気持ちの整理がつかない人たちもいます。そのひとりが私の母です。

震災の半年後、何ひとつ落ち着かない中で父が亡くなり、わが家は混乱しました。私たちにとっては、家がなくなったことよりも父が亡くなったことのほうが、ずっと大きなできごとだったのです。

母は家族以外と会うこと、話すことをやめました。うちにかかってくる電話には「出ない」と首を振り、彼女を心配する友人や親戚からの携帯の呼び出し音が、家の中に響き渡っていました。

部屋に閉じこもり、「こんなにも人は寝て過ごせるのか」と思うくらい、横になって日々を過ごしていました。もう、幸せな日々は戻らない。母が立ち直る日は来ない。あのときの私は、そう思っていました。

それでも私の救いは、今まで通り何もなかったように過ごしてくれる夫と、母を頼りにする長女。毎日いっしょにお風呂に入り、手をつないで床に就き、母の寂しさを紛らわしてくれる二女の姿でした。

私は正直、先のことは何ひとつ考えられず、その日その日を過ごすことで精いっぱいでした。でもそれでよかったのかもしれません。いつものように暮らし、仕事をし、食事を取り、床につく。日々の積み重ねが、今につながっている。振り返るとそう思うことができます。

今では、反抗期真っ盛りの二女とバトルを繰り広げ、私に「二人ともうるさ〜い」と言われるほど元気になった母がいます。震災のあった場所へ行くと体調が悪くなると話していたけれど、ときどき宮城へ足をのばすこともできるようになりました。それでも、眠り薬は手放すことはできないし、いまだに同じ津波の夢を見て、その後は一気に体力を奪われるといいます。

震災の傷が癒されることはないのかもしれないから、無理に消し去ろうとせず、ときどきグチを言い、ときどき涙を流し、それでも処理できない気持ちは、少しずつ吐き出しながら過ごせばいい、そう思います。

## 震災で変わったこと

あの日から、私の人生は一変しました。多くの人は「価値観が変わった」という言葉で表現をしているかもしれません。常に「生」と「死」、正反対の二つが、ピッタリと私のそばにくっついて離れないのです。

自分がどうしたいのか、どう暮らしていきたいのか、何が大切なのかを、考えながら生活するようになりました。いつ終わるかわからない家族との生活だから、できるだけお互いが心地よく暮らしたい。

夫とは、たとえぶつかったとしても、謝るのが早いこと早いこと。次の瞬間がわからないからこそ、嫌な気持ちのまま過ごすことは避けたいのです。

母として、これまでたくさんの期待や願いを背負わせた娘たちには、「ただ、生きていて」、そう思うようになりました。今の私にとって、これまでの育児の悩みなんて「へ」みたいなものです。生きていたくても生きられなかった子どもたちが、その成長を楽しみにしていた親たちが、たくさんいたのですから。

子どもが生きていること、私たちが共に過ごせること。それがどれだけ価値のあることか、ありがたいことか。命があることに感謝して生きる、それが今の私です。

「命を終えるそのときに、〝精いっぱい生きた〟そう思えるように生きて」と娘たちに伝えたい。私自身もまたしかりです。

最近になってなぜか、亡くなった人たちの顔を思い出すことが多くなりました。楽しかった思い出が多いから、つい笑顔になります。

皆の素晴らしい人生を思い出し、感謝をしつつ生きていく。それが今、生きている私にできることなのだと思います。

# 53　百人の主婦とのお茶会

　私は今、六～七人の主婦の方に集まっていただき、自分の気持ちや悩みを語っていただく「お茶会」という集まりを定期的に開いています。回を重ね、早いもので十四回目（二〇一三年九月時点）を迎えることになりました。

　三十代の私は、ブログやエッセイを書き続けていました。四十代に入り、ふと立ち止まって「私はこれから何をしたいの？　どうしたいの？」と自分に問いかけたとき、「これからはできるだけ多くの読者の方に、直接お会いしてお話をしたい」と思うようになりました。

　また、カウンセリングを学び、セミナーの講師をさせていただく経験のなかで、実は多くの方が人には言えない悩みを抱えていることを知りました。その場ですぐに解決はできなくても、安心して話せる場所、気持ちを吐き出す場所をつくりたいと思うようになりました。

　こうして始めたのが「お茶会」です。

　これまでに、約百人の方のお話をうかがいました。首都圏だけでなく、仙台、石巻、高知、長崎にも出張して開催しました。

皆さん、夫との事、義理の両親との付き合い方、家族の病気、親の介護、子育てなど、たくさんの迷いや悩み、自分なりの考えを話してくださいます。なかでも多いなと感じるのは、自分が子どものころに満たされなかった思いを、いまだに気持ちの中にため込んでいて、どうしていいのかわからないでいる女性たちがいるということです。

本当はもっとお母さんに甘えたかった。ほめてほしかった。優しくしてほしかった。束縛しないでほしかった。信じてほしかった……。体は大人になっても、心の中にいる子どもが、叫び声をあげているのです。

お話をうかがえばうかがうほど、母業の難しさを感じますし、母親が子どもに及ぼす影響の大きさを改めて感じ、私自身が、自分を振り返ったり反省するチャンスをもらっています。と同時に、子どもの成長を願い、応援してあげたいという気持ちはあるのに、それとは裏腹な行動をとってしまっている母親が多いとも感じます。

妻として、母親として、どう夫や子どもと向き合っていけばよいのか、何がその人にとって幸せなのか、ともに深く考える時間を持ちたいという気持ちから、お茶会のほかにも講座を開くことにしました。講座では、自分の気持ちを知ること、物事の受け取り方を変えること、自分の気持ちを伝えることについて、私がカウンセリングで学んだ方法をお伝えしています。

「こんなふうに自分について考えたこと、ありませんでした」

「もう少し自分を大切にしようと思いました」

「私が幸せになってもいいんですね」

涙を流される方もいて、ここまで張りつめてきた気持ち、隠してきた気持ち、我慢をしてきた気持ちを、外に出すことができて本当によかったと安心します。

講座の最中、下を向いていた女性たちの顔が少しずつ上がり、帰るときには、来たときよりも笑顔が増えているのを見ると、幸せな気持ちになります。

女性には、同じ女性だからこそ理解できる悩み、共感できる悩みがあります。「私だけじゃない」「わかってくれる人がいる」と思うだけで、気持ちが楽になることもあるのではないでしょうか。

友だちには言えない悩みも、知らない人同士なら話しやすいものです。どうぞ、お茶会に話しにきてください。お待ちしています！

これまでのお茶会の様子は、40s style
のHPでご覧いただけます。
http://40s-style-magazine.com/
もしくは「若松美穂さんのペンギンの
お茶会」で検索してください。
「うちの近くでお茶会を開いてほしい」
というご要望や、講演などのご依頼も、
上のHPからご連絡ください。

# おわりに

この本には、私が約八年の間に書いたエッセイが詰まっています。

読み返してみると「あのときは、こんなこともわからなかったんだ」「こんな自分もいたな」「笑える」「やっと気付いたのね（笑）」……いろんな気持ちが湧いてきます。

それでも、ひとつ自信を持って言えることは、二十二、二十三歳で結婚し、子どもの部分が多く残っていた夫と私も、娘たちの成長とともに大人になり、どうにか私たちらしい家族の形を作れたということです。もちろん、これから何があるかはわからないし、これまでのように、少しずつ変化を遂げるのでしょうけれど。

多くの方の目に触れるものを書くということは、当然、伝えたいことがあるからこそですが、それだけではなかったとも感じています。書くことで、自分や家族のことを振り返り、ときには反省したり落ち込んだり、よくやってるよと、自分で自分を励ましたりする機会でもありました。長い間、私に書くチャンスを与えてくださった、

『サンキュ!』編集部のおかげだと感謝しております。

これまで書いてきたエッセイをまとめ、出版する機会をくださった双葉社の竹原晶子さん、約八年もの間、連載の構成に携わり、この本の出版にもご尽力いただいた編集の臼井美伸さんに、心より感謝申し上げます。そして、ベビーが生まれてまもなくだったのに、写真を撮ってくださった砂原文さん、撮影に協力してくださったご主人のカメラマン・大森忠明さん、素敵なスタイリングをしてくださった大沢早苗さんにも、感謝の気持ちでいっぱいです。本当にありがとうございます。

いつも私が本を出すたびに、恥ずかしくなるくらい宣伝してまわってくれていた父と、「ただの主婦が、なかなかやるじゃない」、そう言ってくれていた祖母に、この本を見せることができなかったのはとても残念ですが、きっと、震災で向こうに行った親戚たちといっしょに、喜んでくれていることでしょう。

ひとりでも多くの方が〝自分流〟の「幸せ」を見つけ、感じられることを願って……。

二〇一三年九月

若松　美穂

若松美穂　わかまつ・みほ

1972年、宮城県生まれ。生活情報誌『サンキュ！』(ベネッセコーポレーション)、『ESSE』(扶桑社) などで、節約上手なカリスマ主婦読者として紹介され、一躍人気に。その後、生活全般にわたって、楽しく豊かに暮らすためのさまざまな工夫を提案。2011年、心理カウンセラーの資格を取得。現在では、「心の整理術」をテーマに、主婦業のかたわら、講演や新聞、雑誌、ラジオへの出演、書籍の執筆など、各方面での活動を行っている。著書に、『節約のカリスマ・若松美穂のお金をかけない暮らしハッピー・テク』(ベネッセコーポレーション)、『私と家族のしあわせ時間』(扶桑社) ほか多数。夫と、17歳、13歳の娘、母親との5人家族。さいたま市在住。

手のひらの幸せ　http://40s-style-happy.blogspot.com/
暮らしHAPPY STYLE　http://women.benesse.ne.jp/blog/wakamatsumiho/
テーブル日記　http://blog.fujitv.co.jp/esseweb/table/

主婦《しゅふ》が幸《しあわ》せになる53の方法《ほうほう》

2013年10月20日　第1刷発行

著者　若松美穂《わかまつみほ》
発行者　赤坂了生
発行所　株式会社 双葉社
〒162-8540 東京都新宿区東五軒町3番28号
電話◉03-5261-4818 (営業)　03-5261-4839 (編集)
http://www.futabasha.co.jp/ (双葉社の書籍・コミック・ムックが買えます)
印刷所　三晃印刷 株式会社
製本所　株式会社 川島製本所

落丁・乱丁の場合は、送料小社負担にてお取り替えいたします。「製作部」宛にお送りください。
ただし、古書店で購入したものについてはお取り替えできません。
電話◉03-5261-4822 (製作部)

定価はカバーに表示してあります。



ISBN978-4-575-30583-8 C0095